厚德博學
經濟匡時

匡时 大学通识系列

哲 学 思 辨 与 伦 理 规 范

经济哲学经典著作导读

张　雄　曹东勃　康　翟◎编著

上海财经大学出版社

图书在版编目(CIP)数据

经济哲学经典著作导读/张雄,曹东勃,康翟编著. —上海:上海财经大学出版社,2022.3
(匡时·大学通识系列)
ISBN 978-7-5642-3942-8/F·3942

Ⅰ.①经…　Ⅱ.①张…②曹…③康…　Ⅲ.①经济哲学-高等学校-教材　Ⅳ.①F0

中国版本图书馆CIP数据核字(2022)第010166号

经济哲学经典著作导读

著 作 者:张雄　曹东勃　康翟　编著
责任编辑:杨　娟
封面设计:张克瑶
出版发行:上海财经大学出版社有限公司
地　　址:上海市中山北一路369号(邮编200083)
网　　址:http://www.sufep.com
经　　销:全国新华书店
印刷装订:江苏凤凰数码印务有限公司
开　　本:710mm×1000mm　1/16
印　　张:11.75
字　　数:179千字
版　　次:2022年3月第1版
印　　次:2022年3月第1次印刷
定　　价:58.00元

导 言

经济哲学研究源远流长，经济思想何时开始，经济哲学则何时出现。远溯前古典经济学时代（公元前 800 年—1776 年），在古希腊、罗马以及欧洲中世纪教会的经济思想中，人们发现，对早期经济思想的解析，离不开哲学家的一般态度和觉解。被称为“第一位具有分析头脑的经济学家”亚里士多德，同时也是一位古希腊哲学泰斗。他较早提出货币有两种对立的形式和趋势的观点：一方面，货币的作用在取得了所需的货物以满足需要之后就终结了；另一方面，货币又在引导人们趋向无限度的积累欲望，导致市场一系列伦理问题的发生。

在古典经济思想及其批判时期（1776 年—19 世纪 90 年代），经济哲学主要融入古典哲学与古典政治经济学之间的思想交流中。有经济学家曾对这一时期经济哲学思想作过考察，认为两种来源值得重视：一是近代哲学家洛克、休谟的思想；二是笛卡尔和卢梭的思想。前者在亚当·斯密的著作中，“个人主义首次形成了完整的体系”。后者影响了“19 世纪的古典经济学家”的思维方法。学界公认，康德、黑格尔、马克思对现代经济哲学的贡献是巨大的。

在新古典经济思想及其批判时期（19 世纪 90 年代—20 世纪 30 年代），经济哲学主要融入经济学方法论的争辩中。经济学家从方法论的角度对科学哲学作了精深的研究，提出了经济学的本体论和价值论问题。波普的证伪思想向经济学家确立了经济学范式革命的理念：大胆而有区别的预言、反驳预言的认真努力以及根据抛弃假说的可能原因进行严格的反证。应当说，科学哲学对西方经济学传统堡垒的瓦解，有着重要的方法论意义。

何谓经济哲学？经济学家通常把它理解为经济学的哲学问题研究。而哲学视阈中的经济哲学，更多地被诠释为哲学对经济世界的理性追问。包括：本体论追问——欲望、利益、需要的原在性原理以及恶的历史驱动等问题；关于经济世界是“自然的计划”，还是“历史的计划”的追问——市场自然法则与人的自由自觉活动关系等问题；关于进步观念的追问——财富的增长是否意味着文明的提升和人的全面发展等问题。

经济哲学以它特有的思想追问形式，赋予经济世界一种特殊逻辑与思辨：它可以使货币化空间不再是仅靠价格制动的物欲流转的平面世界，而是一个全方位、多向度、充满着变异性的精神与物质相互贯通的立体世界；不再是一个单靠达尔文进化论的规则所能加以定义的丛林世界，而是一个被不断接受历史化诠释、公理的批判、理性质疑的生存世界。

其一，作为“政治经济学批判”的经济哲学。在马克思那里，经济哲学被诠释为“政治经济学批判”(《资本论》副题)。伊林·费彻尔指出：“马克思的目的始终是‘政治经济学批判’，这既意味着对资本主义生产方式批判，又意味着对它在资产阶级国民经济学说中的理论反映进行批判。”政治经济学批判是以政治经济学作为反思对象的哲学批判程式，“批判”的含义有三：一是经济学的价值观考问。经济学原在性价值预设是什么？经济学是以财富为目的，还是以人为目的？经济学应以个人主义的经济学至上，还是以经世济民的经济学至上？政治经济学是人民的经济学，还是少数富有阶级的经济学？二是历史哲学的审查。不驻足于经济事件发生的历史图像的技术描述，而是对特定的经济事件、结构和环境进行必要的“过去—现在—未来”的历史哲学考问，这样，任何经济学范畴在宏大历史规律的追问下，都会消解概念自身的凝固性和绝对性。三是追求辩证逻辑的上升运动。对经济体的分析，将“完整的表象蒸发为抽象的规定”，即通过对资本主义社会混沌表象的穿透，力求将最发达的和最多样性的历史的生产组织背后的社会关系本质加以揭示，进而形成科学地解释资本主义社会内部结构、生产关系、基本阶级构成、经济危机等范畴体系。显然，政治经济学批判的学科优势在于：对经济所关涉的思想维度、政治维度以及历史价值维度给予高度重视，由单一的经济学分析框架，直接转入系统分析的哲学社会科学的优势学术资源中。

其二，作为“经济学方法论”的经济哲学。经济哲学注重方法论与研究范式的导入，因此，经济哲学又被称为经济学方法论。丹尼尔·豪斯曼在《经济学的哲学》一书中指出：“有关经济学方法论的问题——包括经济学的目标、确立经济学命题的方法、经济学的概念以及这些概念与自然科学概念的关系等——都是哲学问题。”学界认为，经济学方法论内容繁杂，争议较大的是对实证经济学、规范经济学和经济学艺术三种根本方法的价值取舍。实证经济学是形式化的、抽象的，关心的是支配经济活动的力量；规范经济学是道德维度的，关心的是应当是什么的问题；经济学艺术关注政策问题。从辩证哲学的角度判断，三者都不能缺少。那种只承认实证经济学，拒斥经济学的道德和政策功能的观点是极端片面的。

20 世纪上半叶，西方主流经济学曾走过一段对西方科学哲学由“盲目崇拜”转入“全面清算”的历史过程。有些经济学家错误地认为：与哲学家讨论方法论问题，经济学是“迷途的羔羊”。尽管如此，经济学方法论的研究，从 19 世纪下半叶的辩论高峰期到今天，浪潮不断迭起，思想不断出新：约翰·斯图亚特·穆勒的“政治经济学的定义及其方法”、米尔顿·弗里德曼的“实证经济学方法论”、雅各布·马沙克的“论经济学的工具”、马克·布劳格的“经济学史中的范式和研究纲领”等。值得提出的是，随着现代西方存在论哲学的追问，西方经济学传统的理论预设也受到质疑，经济人教条暴露出三大矛盾问题：信息完备与信息深度残缺的矛盾；利己与利他、人性中的私向化与社会化的对立与冲突；经济理性与非理性的知行背离。这些关涉工具主义批判、抽象前提的批判、实证主义批判、人本主义批判、行为主义批判、逻辑符号主义批判的提出，充分彰显了哲学牵引经济学范式革命的张力。

其三，作为“经济学人学”的经济哲学。经济学家马歇尔说过：“经济学是一门研究财富的学问，同时也是一门研究人的学问”。尽管经济学研究有着不以人的意志为转移的经济运行和发展的客观规律，但经济过程又是人们的现实实践过程，人的市场行为、精神因素、社会关系的发展状况不能不反过来影响现实的经济进程。哲学的人本主义价值观乃是分析一切经济行为与动机的深刻根据。西斯蒙第指出，财富不应当作为目的而推进，它只能是手段，而“人”才是目的。

新政治经济学的研究要“寻求人类的最大利益……包含提高道德品质与获得幸福。”古典学派只关心资本，不关心人，实际上，政治经济学的研究对象，是汇集全体人民的意志，人人分享物质财富。经济学倘若丢弃了以人为本，该理论就会带来实际灾难。

经济学人学最核心的问题是“经济正义”问题。如果一种状态既是平等的，而又具有帕累托效率，那它就被描述为“经济正义”。哲学家休谟一语破的地告诫我们，正义这一德性完全从其对人类的交往和社会状态的必须用途而派生出其实存，这乃是一个真理。在经济全球化的背景下，人类的生存秉性与经济交往行为已发生深刻变化，更需要呼唤一种新的经济正义精神。事实上，正义范畴不是空洞虚幻的指认，它受特定的制度环境和文化价值观制约，其语义系统由历史背景和相关事件主体所定义。以资本逻辑为轴心的市场经济直接或间接地决定了经济正义的话语权。经济正义的本质必然关涉资本逻辑的“理性狡计”。它在两个方面干扰着经济正义的实现：一是深层次的追求利益私向化的秉性；二是弱肉强食、强者必霸的权力扩张性。

目　录

第一章　导　论

第一节　何谓经济哲学

一、行走在商道与哲思之间

经济哲学研究源远流长，经济思想何时开始，经济哲学则何时出现。远溯前古典经济学时代（公元前800年—1776年），在古希腊、罗马以及欧洲中世纪教会的经济思想中，人们发现，对早期经济思想的解析，离不开哲学家的一般态度和觉解。被称为“第一位具有分析头脑的经济学家”亚里士多德，同时也是一位古希腊哲学泰斗。在哲学方法论上，他注重“怀疑的方法”，即总是无偏见地对一个重要问题先摆出对立的观点来，再对它们作考察。在他看来，人在实践中、在思想中，必须对外物有辨别，有肯定和否定，才能得到确定的意义。

在经济分析方面，亚里士多德正是运用上述分析的逻辑来看待货币的实质和市场交换的艺术。他提出，市场有两种对立的行为，即经济行为和道德行为。作为交换的中介物——货币，有着两种对立的形式和趋势：一方面，货币的作用在取得了所需的货物以满足需要之后就终结了；另一方面，货币又在引导人们趋向无限度的积累欲望，导致市场一系列伦理问题的发生。

在古典经济思想及其批判时期(1776年—19世纪90年代),经济哲学主要融入古典哲学与古典政治经济学之间的思想交流中。有经济学家曾对这一时期经济哲学思想作过考察,认为两种来源值得重视:一是近代哲学家洛克、休谟的思想;二是笛卡尔和卢梭的思想。前者在亚当·斯密的著作中,"个人主义首次形成了完整的体系"。后者影响了"19世纪的古典经济学家"的思维方法。学界公认,康德、黑格尔、马克思对现代经济哲学的贡献是巨大的。

在新古典经济思想及其批判时期(19世纪90年代—20世纪30年代),经济哲学主要融入经济学方法论的争辩中。经济学家从方法论的角度对科学哲学作了精深的研究,提出了经济学的本体论和价值论问题。波普的证伪思想向经济学家确立了经济学范式革命的理念:大胆而有区别的预言,反驳预言的认真努力,以及根据抛弃假说的可能原因进行严格的反证。应当说,科学哲学对西方经济学传统堡垒的瓦解,有着重要的方法论意义。

二、经济哲学范畴定义

何谓经济哲学?经济学家通常把它理解为经济学的哲学问题研究。而哲学视阈中的经济哲学,更多地被诠释为哲学对经济世界的理性追问。包括:本体论追问——欲望、利益、需要的原在性原理以及恶的历史驱动等问题;关于经济世界是"自然的计划"还是"历史的计划"的追问——市场自然法则与人的自由自觉活动关系等问题;关于进步观念的追问——财富的增长是否意味着文明的提升和人的全面发展等问题。

经济哲学以它特有的思想追问形式,赋予经济世界一种特殊逻辑与思辨:它可以使货币化空间不再是仅靠价格制动的物欲流转的平面世界,而是一个全方位、多向度、充满着变异性的精神与物质相互贯通的立体世界;不再是一个单靠达尔文进化论的规则所能加以定义的丛林世界,而是一个被不断接受历史化诠释、公理的批判、理性质疑的生存世界。

(一)作为"政治经济学批判"的经济哲学

在马克思那里,经济哲学被诠释为"政治经济学批判"(《资本论》副题)。伊林·费彻尔指出："马克思的目的始终是'政治经济学批判'，这既意味着对资本主义生产方式批判，又意味着对它在资产阶级国民经济学说中的理论反映进行批判。"①政治经济学批判是以政治经济学作为反思对象的哲学批判程式。"批判"的含义有三：一是经济学的价值观考问。经济学原在性价值预设是什么？经济学是以财富为目的，还是以人为目的？经济学应以个人主义的经济学至上，还是以经世济民的经济学至上？政治经济学是人民的经济学，还是少数富有阶级的经济学？二是历史哲学的审查。不驻足于经济事件发生的历史图像的技术描述，而是对特定的经济事件、结构和环境进行必要的"过去—现在—未来"的历史哲学考问，这样，任何经济学范畴在宏大历史规律的追问下，都会消解概念自身的凝固性和绝对性。三是追求辩证逻辑的上升运动。对经济体的分析，将"完整的表象蒸发为抽象的规定"，即通过对资本主义社会混沌表象的穿透，力求将最发达的和最多样性的历史的生产组织背后的社会关系本质加以揭示，进而形成科学地解释资本主义社会内部结构、生产关系、基本阶级构成、经济危机等范畴体系。显然，政治经济学批判的学科优势在于：对经济所关涉的思想维度、政治维度以及历史价值维度给予高度重视，由单一的经济学分析框架，直接转入系统分析的哲学社会科学的优势学术资源中。

（二）作为"经济学方法论"的经济哲学

经济哲学注重方法论与研究范式的导入，因此，经济哲学又被称为经济学方法论。丹尼尔·豪斯曼在《经济学的哲学》一书中指出："有关经济学方法论的问题——包括经济学的目标、确立经济学命题的方法、经济学的概念以及这些概念与自然科学概念的关系等——都是哲学问题。"②学界认为，经济学方法论内容繁杂，争议较大的是对实证经济学、规范经济学和经济学艺术三种根本方法的价值取舍。实证经济学是形式化的、抽象的，关心的是支配经济活动的力量；规范经济学是道德维度的，关心的是应当是什么的问题；经济学艺术关注政策问题。

① ［德］伊林·费彻尔：《马克思与马克思主义》，赵玉兰译，北京师范大学出版社2009年版，第51页。

② ［美］美丹尼尔·豪斯曼：《经济学的哲学》，丁建峰译，上海人民出版社2007年版，前言第1页。

从辩证哲学的角度判断，三者都不能缺少。那种只承认实证经济学，拒斥经济学的道德和政策功能的观点是极端片面的。

20世纪上半叶，西方主流经济学曾走过一段对西方科学哲学由“盲目崇拜”转入“全面清算”的历史过程。有些经济学家错误地认为：与哲学家讨论方法论问题，经济学是“迷途的羔羊”。尽管如此，经济学方法论的研究，从19世纪下半叶的辩论高峰期到今天，浪潮不断迭起，思想不断出新：约翰·斯图亚特·穆勒的“政治经济学的定义及其方法”、米尔顿·弗里德曼的“实证经济学方法论”、雅各布·马沙克的“论经济学的工具”、马克·布劳格的“经济学史中的范式和研究纲领”等。值得提出的是，随着现代西方存在论哲学的追问，西方经济学传统的理论预设也受到质疑，经济人教条暴露出三大矛盾问题：信息完备与信息深度残缺的矛盾；利己与利他、人性中的私向化与社会化的对立与冲突；经济理性与非理性的知行背离。这些关涉工具主义批判、抽象前提的批判、实证主义批判、人本主义批判、行为主义批判、逻辑符号主义批判的提出，充分彰显了哲学牵引经济学范式革命的张力。

（三）作为“经济学人学”的经济哲学

经济学家马歇尔说过，“经济学是一门研究财富的学问，同时也是一门研究人的学问”[①]。尽管经济学研究有着不以人的意志为转移的经济运行和发展的客观规律，但经济过程又是人们的现实实践过程，人的市场行为、精神因素、社会关系的发展状况不能不反过来影响现实的经济进程。哲学的人本主义价值观乃是分析一切经济行为与动机的深刻根据。西斯蒙第指出，财富不应当作为目的而推进，它只能是手段，而“人”才是目的。新政治经济学的研究要“寻求人类的最大利益，……包含提高道德品质与获得幸福。”古典学派只关心资本，不关心人，实际上，政治经济学的研究对象，是汇集全体人民的意志，人人分享物质财富。经济学倘若丢弃了以人为本，该理论就会带来实际灾难。

经济学人学最核心的问题是“经济正义”问题。如果一种状态既是平等的，

① [英]阿弗里德·马歇尔：《经济学原理》，廉运杰译，华夏出版社2005年版，第3页。

而又具有帕累托效率，那它就被描述为“经济正义”。哲学家休谟一语破的地告诫我们，正义这一德性完全从其对人类的交往和社会状态的必须用途而派生出其实存，这乃是一个真理。在经济全球化的背景下，人类的生存秉性与经济交往行为已发生深刻变化，更需要呼唤一种新的经济正义精神。事实上，正义范畴不是空洞虚幻的指认，它受特定的制度环境和文化价值观制约，其语义系统由历史背景和相关事件主体所定义。以资本逻辑为轴心的市场经济直接或间接地决定了经济正义的话语权。经济正义的本质必然关涉资本逻辑的“理性的狡计”。它在两个方面干扰着经济正义的实现：一是深层次的追求利益私向化的秉性；二是弱肉强食、强者必霸的权力扩张性。

第二节　西方经济哲学传统简述

多年来，学界对经济学的哲学传统关注甚少，其原因或许有三。一是在信念上误认为，哲学过于空洞抽象，而经济学的科学性在于它的实证分析。经济学家搬弃思辨概念，就成了“迷途的羔羊”。二是在价值偏好上受当代西方经济学理论研究的计量化、数学模型化的影响，误以为经济学家应是“工程师”而不是“思想家”，它应当擅长人的“数学晶体”和市场“方程式”的演算，不应理会市场背后人的问题和其他非经济问题的研究。三是在方法论方面，过多的学者把经济学方法论的作用看作只不过是把经济学家争论的传统方式合理化，误以为在训练现代经济学家的过程中，哲学方法论没起到什么作用。

实际上，学者们对经济行为和本质的理解，尚未超越一种传统意义上学科分类的“分析”态度。客观经济活动原本没有任何学科分类的种种界限。当今人类研究的认知工具也早已进入新的“辩证综合”的时代，经济学研究为何不可多一点“综合”的视角？尤其是面对步入智能化时代的经济世界，市场不确定性在增加，复杂性在扩展，信息的不对称性在上升，对经济运行规律的揭示离不开哲学的帮助。哲学可以为经济的理性预期提供认识论机制；为把握经济学矛盾范畴的内在关系，提供辩证逻辑的思维原则；为经济学理论范式的转换，提供逻辑框架和原有前提的批判工具；为经济学解析经济活动的根本规律，提供更为广阔的思维空间和逻辑文本。一句话，哲学可以帮助经济学家从现实的人的经济活动中抽引出“作为存在的存在”之生活底蕴。哲学对经济学的穿透力，实际上是经济活动的本质对经济活动现象的穿透，而不是先验的观念对现实经济生活的演绎。

经济学的哲学传统意指哲学对于经济学理论的发生、发展以及范式革命的影响，表现为空间上的渗透和时间上的绵延。主要内容有：哲学对经济学主要概念、范畴的演变所给予的智力支持；古典经济学范式构建与西方哲学传统的关系；新古典经济学与现代西方科学哲学、道德哲学的发展关系；马克思的政治经济学理论中哲学的世界观与方法论的影响；近现代实证经济学方法与实证哲学方法的关系；静态均衡分析与动态均衡分析的哲学根据；实证经济分析与规范经济分析在价值判断、经济理论与道德方面分歧的哲学本质；理性主义方法在古典、新古典经济学派中的影响及其在现实中的命运；经济学家的哲学世界观与哲学方法论研究等。关注经济学的哲学传统研究，有着三方面的重要意义：其一，有助于强化我国经济学理论工作者头脑中的“哲学”观念，对经济学与哲学的关联性思考抱有一个正确的态度；其二，为国内经济哲学的研究提供一些有价值的研究领域；其三，为寻找现代哲学和现代经济学理论与实践发展的真正结合点提供可靠的依据。

（一）第一阶段：经济哲学早期思想

经济学的哲学传统有着源远流长的历史。远溯古希腊罗马以及欧洲中世纪基督教会的经济思想，我们可以看到，对早期经济思想的解析，离不开哲学家的一般态度和精神。经济史学家埃里克·罗尔(Eric Roll)指出，“在希腊哲学家的著作中，经济理论的总量少得微不足道”，“即便这些论述是零星和分散的，也不足以降低其重要性”。[1] 熊彼特也认为，“在哲学领域内几乎没有一种观念不是从希腊流传下来的，而许多这些观念虽然与经济分析没有直接关系，但却与分析

① [英]罗尔：《经济思想史》，陆元诚译，商务印书馆 1981 年版，第 20 页、21 页。

家的一般态度与精神有较大关系”①。亚里士多德是一位古希腊哲学泰斗，同时也被称为“第一位具有分析头脑的经济学家”②。在哲学方法论上，他注重“怀疑的方法”，即总是无偏见地对一个重要问题先摆出对立的观点，再对它们做考察。在他看来，人在实践中从而在思想中，必须对外物有辨别，有肯定和否定，才能得到确定的意义。在经济分析方面，亚里士多德正是运用上述分析的逻辑来看待货币的实质和市场交换的艺术。他提出，市场有两种对立的行为，即经济行为和道德行为。在物物交换中，货币作为交换的中介物有着两种对立的形式和趋势：一方面，货币的作用在取得了所需的货物以满足需要之后就终结了；另一方面，货币又以资本的形式出现，引导人们趋向无限度积累欲望，导致市场中一系列伦理问题的发生。伊壁鸠鲁是与亚里士多德同一时代的哲学家，尽管他本人没有专门研究经济学理论，但他提出的“我们的一切取舍都从快乐出发；我们的最终目的乃是得到快乐”③的原则，正是后来洛克和边沁的经济人心理特质预设的内容之一。

古典经济学中唯有经济理性概念最为根本，其哲学渊源我们无须追溯到古希腊罗马时代，只从中世纪经院哲学那里就可以看到它的胚胎发育早期形式。在经济学界，不少人对经济理性与哲学理性的关联性存在着误解，认为两者相隔如有鸿沟。我们认为，如果从古典经济理性概念产生的背景文化和当代经济学对理性概念理解的新动向来考察和反思，就会得出这样的结论：经济理性与哲学理性绝不是“息交绝游”的关系，经济理性概念的发展客观上离不开哲学的“支援意识”(subsidiary awareness，迈克尔·波兰尼语)的影响和作用。

据文献记载，古典经济理性概念的前身是“审慎的经济理性”概念，此概念是中世纪经院哲学家圣托马斯首先创造的，后来通过卢戈(John de Lugo)的解释，经济理性最初被定义为“用一切合法手段获利的意图”。④ “审慎的经济理性”概念的核心内容是自然理性(自然法)概念。熊彼特指出，“理性的最高标准是自然

① [美]熊彼特：《经济分析史》(第1卷)，商务印书馆1991年版，第105页。
② [英]罗尔：《经济思想史》，陆元诚译，商务印书馆1981年版，第31页。
③ 周辅成编：《西方伦理学名著选辑》(上)，商务印书馆1964年版，第103页。
④ [美]熊彼特：《经济分析史》(第1卷)，商务印书馆1991年版，第155页。

法”,“健全理性(等于自然理性)是理性之母”。[①] 在圣托马斯看来,私人财产并不违反自然法则,而是人类理智(理性)的发明。人的理智表现为人的自利原则,即比起照看许多人或所有人拥有的东西,人们会更好地照看自己拥有的东西;人们为自己干活要比为别人干活起劲得多。继圣托马斯之后,另一位哲学家莫利纳(Luis de Molina)对圣托马斯的自然理性概念做了更为明确的说明:自然法与我们根据公共利益所做的理性判断是密不可分的。所谓公共利益则是我们在研究工作中或实践中所观察到的各种具体情形下的公共理论,无论是个人契约还是社会制度。索托(Domingo de Soto)对此做了这样的评述:“所有思辨的、形而上学的或非经验的因素,都已从莫利纳的自然法概念中消失了,剩下的只是运用于具体事实的理性,虽然到那时为止,还只是从规范观点出发运用理性。”[②]实际上,中世纪哲学的自然理性不论是指事物的秩序,还是指事物的利益,都完全独立于经院神学,其影响除了道德命令外,只涉及奇迹和创世等方面的问题。除了奇迹和创世,事物的秩序完全可以用人类的理性来理解,毫无疑问,如若进一步分析,理性也是上帝创造的分析零件。

熊彼特在《经济分析史》中列举了另一事实来证明哲学“支援意识”对早期经济理性概念形成的影响。古典经济理性中所设定的,个人经济理性行为往往受“看不见的手”的导引来实现全社会经济秩序的内在一致的法则,恰恰源自古代斯多葛哲学的抽象方法。他指出:经济学上的唯理论却具有另外的含义。正如我们可以采用斯多葛派首创的方法,把自然界看作一个按照严格计划塑造出来的、逻辑上协调一致的整体那样,我们也可以把社会看作一个具有内在逻辑一致性的宇宙。一些人认为,这种秩序是神意加在社会上的,由一只看不见的手指引来达到某种确定的目的,另一些人则认为,这种秩序完全是内在的,计划和目的是观察者从社会中发现的,与他的分析推理能力无关。对于我们来说,无论是哪种情况,都没有多大关系,因为无论是在哪种情况下,除了理性之光所能理解的东西外,再没有别的东西可以进入那一“理性”世界。不过,我们应进一步把社会

① [美]熊彼特:《经济分析史》(第1卷),商务印书馆1991年版,第177页、178页。

② [美]熊彼特:《经济分析史》(第1卷),商务印书馆1991年版,第170页。

学或经济学上的客观唯理论同主观唯理论区别开来，后者认为构成社会的个人或集团的理性行为就是或可以实现这种秩序或计划，前者则不这样认为。两者显然都产生于经院学者及其直到当代的大多数继承者。这给经院学者的自然法概念增添了另一层色彩，并在这一概念与他们的健全理性之间建立了另一种关系，完全不同于前面一段提到的那种关系，圣托马斯对那种关系所作的永久性表述是："理性的最高标准是自然法。"①

如果我们对经济理性概念构建的三大方法论特征（个人主义倾向、功利主义原则和理性主义态度）做哲学史方面的历史考察，经济理性与哲学的关联性更加明显。

就个人主义倾向而言，经济理性的方法注重个人（或个体）主义方法，即把个人（行为或利益）看作分析和规范化的基础，而社会则被视为个人追求自身利益的加总结果。这种方法最早来自中世纪的经院哲学中唯名论与唯实论的讨论。正如塞缪尔斯（Warren Samuels）所言，方法论个人主义是"最恰当或最有效的社会科学认识来自对个体现象或过程的研究"②。而这种方法最早来自中世纪的经院哲学中唯名论与唯实论的讨论。熊彼特对此观点持有异议，而我们赞同普里布拉姆（Karl Pribram）的观点："个人主义乃是哲学唯名论所导致的一个必然结果，而各种集体主义理论的根源则是'唯实论'传统，或（一如卡尔·波普尔现在所采纳的一个更适当的称谓的那样）'本质主义传统'。"哈耶克补充指出："这种'唯名论'认识进路只是真个人主义所具有的特征，而卢梭和重农学派的伪个人主义，与笛卡尔主义一脉相承，则属于极端的'唯实论'或'本质主义'。"③唯实论强调理念的共相性，即"全体主义"分析法，它把理念看成是先于个别存在的"总体"抽象形式。而唯名论则强调唯有个别事物才是真实的存在，"共相"不是先于个别事物而存在，而仅仅是人用来表示个别事物的名词或概念，这种方法被后来的思想家们称为一种具有"个人主义"倾向的方法论原则。如果从中世纪的

① [美]熊彼特：《经济分析史》（第1卷），商务印书馆1991年版，第176—177页。

② [美]温特劳布主编：《当代经济思想——若干专论》，陈玮、张廷玉译，商务印书馆1989年版，第30页。

③ [英]哈耶克：《个人主义与经济秩序》，邓正来译，生活·读书·新知三联书店2003年版，第45页。

角度来解析经济学个人主义分析方法的源流，我们还可以看到，经院学者在描述和解释经济事实时，总是从个人爱好和个人行为着手，他们把超个人的公平教规应用于这些事实，而这些教规得自于一种道德哲学的图式，在这种图式中，目的是个人本身，中心思想是拯救个人灵魂。换言之，他们关心的不是经济制度的好与坏，而是在特定的经济制度和环境下个人行为的好与坏。哈耶克从近代哲学的角度考察了经济理论中个人主义方法的哲学来源。他认为，有两种来源值得重视：其一源自近代哲学家洛克、休谟的思想；其二则源自笛卡尔和卢梭的思想。前一种思想在亚当·斯密的著作中首次形成了完整的体系，后者则影响了19世纪古典经济学家的思维方法。

就功利主义原则的方法论而言，经济理性的方法注重从稳定的、高度简化的人性中推出有关社会中的人的法则：每个人的快乐和痛苦被认为是可以测量的量。这些个人幸福又可以加总为社会总和，所有个人幸福是相等的，“每人一份，不多不少”。最后，这种社会总和被代之以或被等同于共同利益或社会福利。由此产生了功利主义的规范原则：最大多数人的最大幸福。

熊彼特指出：功利主义只不过是另一自然法体系。这种说法不仅在以下两种意义上是正确的：一是功利主义者是17世纪自然法哲学家的历史继承者，二是功利主义体系源于自然法哲学家的体系（这一点是显而易见的，一方面可以用伦理学史加以详尽证明，另一方面可以用共同利益这一概念的发展史来加以详尽证明）；而且在以下重要得多的意义上也是正确的，即功利主义在研究问题的态度上，在方法论上以及在所取得的研究成果的性质上，实际上都是另一个，也是最后一个自然法体系。①

在经济学理性概念中，有着不少哲学理性概念的要素的渗透，如从哲学的认知理性来说，经济学理性包含着对市场行为者认知决策能力的认可：决策者有能力知晓市场；决策者有能力撷取完备的市场信息；决策者有能力对杂多的、不确定的市场信号进行由此及彼、由表及里的逻辑抽象运动；决策者有能力揭示市场的内在本质及其规律；决策者有能力借助于理性模型来对未来进行理性预期。

① ［美］熊彼特：《经济分析史》（第1卷），商务印书馆1991年版，第203—204页。

所有这些都体现了对哲学理性认识论的运用。再如，从哲学的实践理性来说，经济理性内含着对市场规范性的整合意向；经济理性强调市场行为者“慎思”而后行的准则；经济理性对市场实践活动提倡设计意识等。再如，从哲学的评价理性来说，经济理性也十分强调哲学的动机－效果、手段－目的、事实判断－价值判断、趋利避害等价值论原则。我们在谈及经济理性概念受到当代经济学家们的哲学质疑时所列举的几个问题，也说明了这一概念的新拓展，离不开哲学的“支援意识”。且不说西蒙所提出的“有限理性”在客观上需要从哲学、心理学方面来论证，为什么理性不是唯一的、全智全能的，为什么理性需要与非理性因素的补充性思考相结合才能达到真实理性的意阈等道理。就连哈耶克提出的个人主义方法论“通过理解那些指向其他人并受其预期行为所知道的个人行动，方能达致对社会现象的理解”这一逻辑程式的有效注解，也离不开哲学的个体向整体、微观向宏观、人的本能行为向社会行为过渡的一系列辩证法则的思考。否则由于整体不等于局部的简单加总，且经济理性又使每个经济单位具有同质性特征，我们便无法排解新古典理论体系内不可避免地出现的经济行为悖论——个体经济人的最大化行为在集体行动中导致非最大化结果；无法排解偏好系统悖论——反映个体经济人对不同商品进行效用排序和不同消费行为的偏好系统，仅能推出同质性商品的效用排序和一致性消费行为。

（二）第二阶段（18 世纪中叶至 19 世纪初）：经济哲学主要融入在道德哲学与古典经济学之间的交流中

在这期间，研究的特点主要是给那些热心搭建经济科学大厦的经济学家们如下提示：古典经济学逻辑系列内含着诸如选择、合理性、效用、福利、正义、仁爱、义务和权力等观念，为此，经济学家应当自觉运用道德哲学来表示人的经济行为和人的思想与感情的特性。经济学绝不可能是一门完全“纯粹”的科学，而不掺杂人的价值标准。对经济问题进行考察的道德尺度，往往同所提出的问题甚至同所使用的分析方法不可分割地纠缠在一起。主要代表人物有斯密和密勒，前者提出经济个人主义与道德自利原则的结合；后者主张经济共同体精神与道德利他主义原则的结合。斯密早期是以哲学家的身份来研究经济学的，有关这一点国内经济学界似乎重视不够。以笔者之浅见，斯密的《道德情操论》乃是《国富论》最好的哲学注脚。他以毕生精力发展了他的道德哲学观念，并且在他完成了《国富论》后又回到道德哲学上去了。在《道德情操论》中，他指出：人的兴趣、人的特点、人的认识过程，必须有一个在很大程度上由内在的或体质上的诸因素决定的结构，人性并非全是可塑的。他说："毫无疑问，每个人生来首先和主要关心自己。"①他把改善自身生活条件看作"人生的伟大目标"。在《国富论》中这种思想被转述为自利行为动机的名言："我们每天所需要的食料和饮料，不是出自屠户、酿酒家或烙面师的恩惠，而是出于他们自利的打算。"②斯密还断言，建立在个人自由和自我利益基础之上的自发经济制度，或多或少有助于自我调节，有助于个人和社会的进步。与斯密同时代的经济学家密勒，依照黑格尔道德哲学和法哲学的观念，提出了与亚当·斯密截然不同的经济哲学理念，他以强调利他主义和宗教，来反对他所称作斯密的利己主义和唯物主义。他在《国家艺术的要素》《货币新理论的探索》两本著作中指出，斯密过分地把英国经验普遍化了，他把交换的实践不合法地提高到自然的原则的地位。这就使斯密从个人的自私、自利观点出发来看社会。实际上，社会即体现人类共同体精神的国家，它不单是公民生活中成千上万的有用的和供人作乐的发明之一，而且还是那种公民生活本身的总体，没有它，便失去个人存在的基础。在他看来，国家必须被看作是一个有机体单位，作为其基本细胞的个人不可能设想是在国家总体之外的存在物。

（三）第三阶段（19 世纪初至 70 年代）：经济哲学主要融入在历史哲学与政治经济学之间的交流中

在这期间，研究的主要特点是，一批历史哲学家对政治经济学范畴和原理进行解构与批判，他们从政治经济学问题域外的问题研究着手，通过历史尺度、价值尺度和政治尺度的导入，为政治经济学分析的图式提供社会综合要素系统的理论根据。它不仅表现在关于财富、家庭、社会和国家基础的理论方面，而且还

① ［英］亚当·斯密：《道德情操论》，蒋自强等译，商务印书馆 2018 年版，第 285 页。

② ［英］亚当·斯密：《国富论》（上），郭大力等译，商务印书馆 2011 年版，第 12 页。

表现在与存在和财富追求相联系的情感、愿望和意志等心理方面，更表现在关涉经济发展规律的逻辑序列和历史编目方面。主要代表有：康德、费希特、黑格尔和马克思。黑格尔从历史哲学和政治哲学出发，把政治经济学的市民社会范畴和经济观念纳入他的权利哲学、国家哲学之中，并把政治经济规律视为世界精神的运动，把政治经济学作为一种偏颇的真理整合在他的世界历史逻辑序列中。尽管如此，政治经济学从黑格尔历史哲学那里获得了诸多的思想理念：如财产与所有权、理性与欲望、国家与契约、劳动与分工、私人利益与社会利益等矛盾关系的原理。可以说，黑格尔提供了观察经济世界极为重要的历史哲学视野。马克思的《资本论》问世，意味着经济哲学第一次实现了哲学与经济学两大学科的有机结合。尽管马克思最初也是以哲学家的身份研究经济学的，但是，与斯密不同的是，他把哲学与经济学的理论和方法能够统一在同一部著作中，如列宁所说，"在《资本论》中，逻辑、辩证法和唯物主义的认识论，都应用于同一门科学"①。马克思的经济哲学思想最为显著的特点是：它从历史哲学的角度，将斯密的世俗时间和黑格尔的精神时间综合在一种资本的逻辑活动（《资本论》）与历史展开（《共产党宣言》）的双重过程之中，并以一种辩证的逻辑把革命的观念纳入历史时间的洪流，从而得出一种指向未来的历史哲学结论。

（四）第四阶段（19世纪下半叶）：经济哲学主要融入在经济学方法论与哲学方法论之间的交流中

在这期间，研究的主要特点是，哲学为古典经济学理论建构的抽象前提及其范式的批判考察，提供矛盾论据和逻辑工具，并直接为政治经济学范畴、原理的解构提供历史分析的方法和逻辑分析的方法。主要代表有：德国新历史学派领袖施穆勒和边际经济学重要人物门格尔。应当说，自凯尔恩斯1875年出版《政治经济学的特征和逻辑方法》一书后，经济学的哲学方法论越来越引起人们的重视。尤其是1883年经济学家门格尔出版了《对社会科学特别是政治经济学方法的研究》一书，成为西方经济学说史上方法论之争的焦点事件。历史学派认为正

---

① 《列宁全集》第三十八卷，人民出版社1959年版，第357页。

统派经济学的抽象模型法是对自然科学研究方法的机械模仿，这种方法对社会科学是不适用的。社会科学应采用历史主义方法论。施穆勒直接强调，历史主义方法提倡在经济学领域内应特别倚重归纳法。门格尔从维护边际分析和建造抽象演绎模型的哲学方法出发，对施穆勒为代表的历史主义分析方法进行了攻击。他认为，经济学若把历史主义方法摆在不恰当的地位，必将使理论经济学的研究越来越陷于衰落的境地。经济学家如果只借助于单纯经验的归纳，而不注重科学演绎的方法来寻求经济规律，如同数学家仅仅靠实地测量物体来校正几何学原理那样荒谬。两个学派方法论之争的哲学意义在于：它使经济学家们认识到，在经济学领域内，理论和历史、演绎和归纳、抽象模型的建造和统计资料的收集等两类方法，并不是互相排斥的，而是辩证统一的关系。

（五）第五阶段（20 世纪）：20 世纪哲学对西方经济学的影响主要体现在两个领域——科学哲学和伦理学

经济学家沃尔什（Vivian Walsh）指出，经济学已经被来自 20 世纪科学哲学的思想支配到一种缺乏活力的程度。考德威尔（Bruce Caldwell）也认为，按照前辈们转向科学哲学实证分析的思路，当代经济学方法论者已将诸如库恩和拉卡托斯等人的思想融入他们的著作中。科学哲学的影响似乎是 20 世纪初开始的。20 世纪 30 年代早期逻辑实证主义的涉入引起了经济学方法论的讨论。比较早的波普尔主义者的观点是以哈奇森（T. W. Hutchison）《经济理论的意义和前程》（1938）为代表。经济学家们对当时科学哲学的如此特征深感兴趣：科学哲学看起来主要是由对科学理论的正规结构的纯逻辑分析组成的，这样科学哲学就显得更多的是规劝人们从事良好的活动，而不是对那些事实上已经成为科学的东西进行描绘。此后通过 50 年代后期逻辑经验主义“接纳观点”（received view）的科学哲学思想的发展，尤其是迈克尔·波兰尼、汉森（N. R. Hanson）、图尔明（Stephen Toulmin）、库恩、拉卡托斯和费耶阿本德的研究成果的出现，经济学对科学哲学的钟爱愈加凸显，代表作有利普西（Richard Lipsey）的《实证经济学导论》（1963）、琼·罗宾逊（Joan Robinson）的《经济哲学》（1963）、斯图尔特（Ian Stewart）的《经济学的推理与方法》（1979）等。不少经济学家如哈耶克、弗里德曼、琼·罗宾逊等人已公开接受波普尔的方法论。可是到了20世纪80年代，经济学对科学哲学的态度有所改变。“多元主义方法论”的提出使得人们对科学哲学的抱怨声似乎高于接纳声。一些经济学家们认为，科学哲学对经济学是一剂太强的药，它们的结构要求是如此之严，以至于一旦把它严格地应用，经济学就很少有生存余地。在他们看来，科学哲学对当代经济学理论的发展，有着极大的破坏作用：一是破坏了经济学传统的信仰，导致不少经济学家的信仰危机；二是打破了以往经济学与道德哲学、政治哲学、政治经济学所构成的学理性良性循环，关注“科学统一观念”和“事实分析与价值分析的区别”，被认为是一种方法论的重要形式；三是对经济学理论研究方向造成了极大的干扰。有影响的代表作有布劳格的《经济学方法论》(1980)、考德威尔的《超越实证主义：20世纪的经济学方法论》(1982)、麦克罗斯基(Deirdre McCloskey)的《经济学的修辞学》(1985)、霍奇逊(Geoffrey Hodgson)的《现代制度主义经济学宣言》(1993)等。

应当说，科学哲学对现代西方经济学的渗透所起的积极作用，突出地表现在两个方面。

其一，它带来了经济学家对主流学派经济学研究范式的质疑与批判。自斯密以后近200年来西方经济学方法论的发展，其主流学派的一些代表人物把理性经济人研究范式加以泛化和曲解，夸大理性假设的逻辑意义，并上升为一种思辨因素，从而筑起了现代经济学唯理性主义方法的窠臼：单纯注重经济理性逻辑演绎的方法；仅把理性经济人高度抽象为数学符号并视为唯一可取的方法；用最大化原则来衡量经济人的一切行为。所有这些，都受到了当代经济世界的复杂性、不确定性和偶然性事件的撞击与挑战。一批著名的经济学家主动地与哲学家展开了对话，诸如库恩的“范式革命”、拉卡托斯的“经验不能证伪”等科学哲学原理成为经济学前沿研究的一种时髦。经济哲学在工具主义批判、抽象前提的批判、逻辑符号主义批判、实证主义批判、行为主义批判、人本主义批判等方面显示了哲学牵动经济学范式革命的张力。其研究的视阈鲜明地定位于理性经济人模型所暴露的三大哲学矛盾问题上：自在与他在、人性中的私向化与社会化的矛盾问题；市场的单一目标与群体目标的“合力论”问题；经济理性预期能力究竟有多大，它涉及康德哲学关于认识能力的批判问题。

其二,它令经济学家对经济学方法论世所公认的戒律进行了鉴别和批评。这些戒律包括:预测是科学的目的;只有理论的预测或可观察的理论推论才对理论的真理性关系重大;可观察性使客观的、能重复的实验成为可能;当一个实验性推论被证伪时,一个理论才被证伪;等等。霍奇逊指出:“科学哲学的最近发展说明,这些方法论立场(指戒律——引者注)经受不住现代的审查。尽管这种方法论的批判本身没有破坏新古典经济学的假设和模型,但它的确说明,过去关于新古典理论是科学的这一主张,其基础是不可靠的。”①按照波普尔关于“科学的目的在于解释,而不在于预测”,“科学理论的标志在于它潜在的可证伪性”的观点,弗里德曼在1953年的论文中提出的“实证科学的最终目的是发展一门‘理论’或一个‘假说’,这个理论或假说对尚未观察到的现象提出可以证实的、有意义的……预测”的著名论断受到质疑。既然所有的理论都有被简化和抽象的假定,那么在宏观经济模型如新古典模型、凯恩斯模型等中,大量的感性素材和数据被简化了,理论不可能像照镜子那样把市场的全部信息和复杂性精确地反映和预见出来。波普尔的“可证伪性”的思维方法,使得一些经济学家热衷于思考以下问题:经济学危机何在?传统的经济学能否称为科学?经济学成为科学何以可能?什么是经济学?如此等等。在这里,哲学的睿智正在于,它宣告了这样一个事实:理论研究企图寻求约定俗成的单一方法论很可能失败。开辟一个更为开阔、更为多元化的方法论前景,既不是多余的,也不是无关紧要的。经济学家应当立志实现一种哲学理念:大胆而又有区别的预言;反驳预言的认真努力;根据抛弃假说的可能原因进行严格的反证。正是在这个意义上,布劳格强调:应当“把‘经济学的方法论’理解为经济学所运用的科学哲学”。②

20世纪上半叶,资本主义市场发展的高度垄断化,导致了瓜分世界市场的世界战争的爆发,人们从战争的残酷性和破坏性开始认识到这一事实:市场与伦理的关系牵动着效率与公正的关系,也牵动着经济发展、社会发展、人的发展的可持续性。于是,市场与伦理关系问题又出现了新的学术兴奋点。

1935年,美国著名的经济学家艾尔斯(C. E. Ayres)和奈特(Frank Knight)

---

① [英]霍奇逊:《现代制度主义经济学宣言》,向以斌等译,北京大学出版社1993年版,第30页。
② [英]布劳格:《经济学方法论》,黎明星等译,北京大学出版社1990年版,前言第7页。

围绕市场原则与伦理道德原则展开了颇有影响的论战。论战集中在两人分别发表于《国际伦理道德杂志》1935 年第 1 期的两篇文章中(艾尔斯:《经济学上的道德观念的混乱》;奈特:《道德上和经济上理智的困惑》)。除了在观点的某些细节上两人存在着很大的差异外,就市场与伦理的关系而言,他们都认为,经济学家不仅要关注市场"选择理论",更要关注有关社会秩序、市场中人们相互作用的理论。艾尔斯从制度学派的观点分析了福利经济学关于市场失败理论的实质,奈特也以同样的观点分析了公共选择理论关于政府失败理论的实质,他们两人都强调解释人类纯经济活动的数理模型有着极大的局限性,对市场的观察和分析要以维护社会秩序的伦理——道德条件为根据,这些条件乃是人与人之间有效经济活动开展的前提和基础。

在这之后,经济伦理问题在经济学界虽然被视为非主流学派所关注的问题,但有不少经济学家却热心于该问题的讨论。其研究的逻辑系列有诸如选择、合理性、效用、福利、正义、仁爱、义务和权利等观念。如诺贝尔经济学奖得主、著名经济学家布坎南在反思性著作《经济学家应该做什么》一书中明确指出,市场不应是单一的效率市场,经济学不应将"资源配置理论"或"选择理论"置于经济学研究的核心地位。市场首先是一种人们互相进行交换的关系,同时也是一种体现人们交换关系的各种制度的形式。经济学和经济学家的作用就在于对市场交换中人的行为做出解释和预见。在此书第三部分,他集中论述经济与道德伦理标准的问题,篇名称为"作为道德哲学的经济学"。其中重点讨论了社会秩序理论,经济人,市场和政府的失败,个人利益的限制,制度、技术和道德价值,市场、国家及道德范围,事实上的平等与规范化的平等等问题。美国经济学家布伦南、托利森对该书有如此评价:"詹姆斯·布坎南对经济学有重要贡献,这是无异议的。作为新创建的公共选择学的奠基者、作为一个道德与法律哲学家、作为一个福利经济学家,他几乎是单枪匹马、始终如一地维护'契约论'伦理观的要旨。"①

当代西方经济伦理问题研究的复兴,深层次的原因来自如此严峻的事实:在当代社会中,资本主义选择了最大限度增长,在客观上加剧了社会公共伦理、道

① [美]布坎南:《经济学家应该做什么》,罗基根、雷家端译,西南财经大学出版社 1988 年版,"编者前言"第 IX 页。

德的丧失，如生态伦理的破坏、社会犯罪率的升高、高科技手段的犯罪、全球贫富两极分化的加剧、人类再生产资源的匮乏、人的孤立感和流离感的加重，乃至单向度的人的出现；等等。经济学家和社会科学家们为此感到市场与伦理的关系变成了如“囚徒困境”一般。用经济学家阿玛蒂亚·森的话说，经济理性行为的通常假定，产生了对所有人都不利的形势，因此个人理性追求利益最大化的公理变得很难确定。只有通过集体理性观念，才能从此问题的困境中解脱出来，而集体理性的最核心内容正是与伦理、道德概念有关的思想。森的这席话为我们说明了这样的道理：经济学家们在对人与人之间的比较进行的传统讨论中，通常考虑的只是“效用”的比较，而现在的事实却相反，伦理学的基本问题被摆放到不可忽视的重要位置。其中把不同的个人或不同的经济阶层为维护他们的权力所表现的不同能力，以及他们在获得社会公平方面的差别，作为重点之重的讨论焦点。经济学家沃尔什出，当代经济伦理问题的讨论，使得长久以来对任何道德概念进入经济学而设置的反锁着的门被打开了。人们所设定的阻碍经济理论和伦理学、政治哲学以及法律哲学之间富有成效地进行交流的种种逻辑壁垒降低了，而完全涉及伦理学的这些问题的实际对抗，可能随着经济学从伦理学中吸收大量的营养而被彻底地解救出来。

第三节　现代经济哲学在中国的发展

积极推进国内经济哲学的研究，是我国进入改革开放以来马克思主义哲学理论研究深度发展的内在诉求，无论是回到经典文本，还是关注当代西方马克思主义的批判意识，无论是扎根到当下中国改革开放深层矛盾的问题意识研究，还是积极探索具有时代化、大众化、中国化的马克思主义政治经济学研究范式，都刻不容缓地呼唤着国内哲学界加快推进经济哲学研究步伐，它既有利于探索哲学自身发展的创新之路，又有利于为经济学及其相关学科发展提供有价值的理论工具，更有利于为当下中国改革开放提供必要的智力支撑。

一、国内经济哲学研究的三个历史发展过程

从新中国成立到“文化大革命”十年结束，我国经济哲学没有获得独立系统的学科发展，除了少数极个别经济学家在《哲学研究》杂志上发文，呼吁经济学家要自觉学习哲学方法论外，学术界对经济哲学发展几乎没有任何进展。总的来说，从改革开放初期到现在，国内经济哲学发展大致经历了三个历史过程：现代经济哲学学术发展萌芽时期、范畴体系讨论时期、重大现实问题深度追问时期。

(一)现代经济哲学学术发展萌芽时期

早在20世纪80年代，随着史无前例的中国改革开放大幕拉起，改革的浪潮一浪高过一浪，改革实践对哲学的挑战，促使马克思主义哲学理论工作者积极投身改革哲学的思考中。这一时期经济哲学的研究特点是主要从各种体制改革实践层面上来思考经济哲学问题。从而使“形而上”、高不可攀的哲学重新返回到鲜活的、热火朝天的社会主义经济体制改革实践当中。经济哲学的发展既反映了时代的呼声，又迎合了经济社会发展的需要。在体制改革实践面前，学术界尤其是哲学界涌现出了一批学者，变大学书本、黑板上的哲学原理为实践的、改革的哲学思考。

(二)范畴和体系讨论时期

20世纪90年代，中国经济哲学研究出现了新的形势和特点，表现在三个方面。

首先，社会主义市场经济的提出和建构，为学术界提出了许多新问题、新挑战。

其次，国内一些重要刊物相继发表经济哲学系列文章，引起学术界的浓厚兴趣。如《中国社会科学》邀请部分专家学者以经济哲学笔谈的方式就有关问题刊发了系列文章。此前，《哲学动态》《光明日报》《学术月刊》也分别发表了重要访谈或笔谈文章，作者一般都是国内著名的哲学和经济学两大领域的知名专家，他

们从学理层面和分析技术路线角度提出了建立、发展和深化经济哲学研究应遵循的基本原则和方法，它标志着国内经济哲学的发展达到了一个崭新的高度。

再次，20 世纪 90 年代相继出版了一大批经济哲学方面的论著。主要著作有：冯景源主编的《新视野〈资本论〉哲学新探》(1990)，杜则吉、曹唯源撰写的《经济哲学的困惑》(1991)，史仲文撰写的《猛醒的中国——关于中国经济的哲学》(1992)，刘修水撰写的《经济哲学》(1992)，王进主编的《现代经济哲学》(1993)，李晓西撰写的《经济怪圈之谜——对经济改革的哲学分析》(1993)，陈湘舸撰写的《毛泽东经济哲学思想与经济思想》(1993)，张雄撰写的《市场经济中的非理性世界》(1995)，林德宏主编的《经济哲学研究》(1996)，丘挺和张先闲主编的《市场经济的哲学研究》(1996)；等等。

(三)重大现实问题深度追问时期

从 2000 年至今。以重大现实问题、特别是以经济问题的现实逻辑(货币—资本—金融—财富)解读为特征的现代经济哲学学科逐渐形成。

二、当代国内经济哲学重点关注的三个领域

(一)马克思主义经济哲学及其当代意义研究

该方向注重马克思的经济哲学思想资源的发掘及其当代意义的阐释，不仅关涉马克思创立实践唯物主义哲学的本真逻辑与路向，而且关涉马克思主义哲学与经济学互渗的原理体系，特别是极具理论与实践批判张力的问题域：如国家与市民社会关系的批判、人的异化与人的全面发展、经济规律与历史进化规律、唯物史观与政治经济学批判等。注重运用哲学的思辨方法和批判形式，对当下国际金融危机，尤其是我国市场经济面临的重大现实问题进行深度反思。例如，货币哲学、资本哲学、财富哲学、生态哲学、人的物化、异化和幻化的精神现象学反思等。

这方面的问题集中体现在：社会主义对资本力量如何驾驭与导控、社会主义

基本经济制度的伟大创新等;中国经济改革的哲学在场性:新"政治经济学批判"的研究。肇始于 2007 年的全球金融危机,为何整个经济界未能预见?毋庸置疑,经济学家过于依赖理想化、专门化的模型,以至于看不到宏大的图景,无法对正在发展的危机做出预警。

150 年前《资本论》第一卷出版,150 年后的今天,世界在现代性的挤压下,已经被碎片化了。今天人类所应对的现代性生存世界,其存在的澄明仍然没有超出马克思的逻辑预设和思想批判的框架。现代性的本质,不是亚当·斯密所揭示的工业分工加市场交换等于丰裕社会的逻辑程式,也不是近代法国启蒙运动所定义的"自由、平等与博爱"的价值内涵,而是深刻的现代文明与地球灾难相兼容的"二律背反",人类得到的和失去的都令人惊叹。从异化、物化到幻化,有多少《资本论》的思想理念至今被证明为熠熠生辉的真理。其学术价值和历史意义,正在于它深刻地揭示并回答了历史进化的第二大形态——"人对物的依赖"的现代性社会特征、规律及本质。从卢梭的历史化的异化,到康德的四对二律背反,再到黑格尔的国家与市民社会的矛盾思辨,马克思作了辩证的批判与借鉴,在《资本论》中,马克思给出了精准的答案:现代性最深刻的本质是精神与资本的对立和冲突。在货币化生存世界里,资本不断地生产着劳资关系的对立、贫穷与富有的两极分化以及商品拜物教、货币拜物教、资本拜物教。因此,人类本身和商品一样,都成了被交换、被通约、被搏杀的对象。精神被物质所统摄。殊不知,就现代性本质的批判而言,《资本论》深刻地揭示了资本的内在否定性中的五种对立关系:劳资关系的对立、资本的私向化与社会化的对立、资本的技术向度与人本向度的对立、资本的主体间性的内在竞争与对立、资本追求剩余的秉性与文明发展的极限的对立等。并且从货币史、交换史和工业史考察的角度,深刻地揭示了现代性社会工业文明发展的历史必然性和经济危机周期性爆发的规律。因此,《资本论》所关涉的问题,不是历史的思辨问题,而是形而上学主体性哲学与形而下主体性资本的政治经济学双向批判问题。

150 年后的今天,有多少马克思《资本论》的思想理念受到挑战?21 世纪金融化资本主义体系的发展,已导致全球资本的收益率远远高于社会财富的增长率,远远高于劳动报酬的增长率。资本收益率为什么能如此偏离全球经济正义的轨道而狂奔？为什么能如此脱离劳动价值论的科学规制而任性？鲁道夫·希法亭早在《金融资本》著作中就得出重要结论："金融资本，在它的完成形态上，意味着经济的或政治的权力在资本寡头手上达到完成的最高阶段。它完成了资本巨头的独裁统治。同时，它使一国民族资本支配者的独裁统治同其他国家的资本主义利益越来越不相容，使国内的资本统治同受金融资本剥削的并起来斗争的人民群众的利益越来越不相容。"[①]这说明，全球金融资本主义体系发展的脱域性极易导致社会财富的两极分化，权利与资本的交易必然带来国家与市民社会的对立，资本收益率高倍增长与社会贫富差距日益拉大的矛盾乃是金融化世界最深刻、最普遍的社会存在本体论问题。在全球资本高度私有化和高倍收益率的背后，深藏着马克思对现代性社会所批判的资本逻辑的问题，金融资本实质上是特定的社会关系、生产关系和财产关系的反映，资本与劳动的对立，证明了相关制度的反人权性和不平等性。全球金融资本，它的私向化程度愈严重，其自身的内在否定性愈充分，金融资本与人民大众的对抗性矛盾愈尖锐。现代金融化资本主义体系仍然归属现代性发展的高级形态，现代性二律背反的本质深藏其中：欲望与理性的对立、形式与内容的对立、私向化与社会化的对立等。唯有深刻反思，才能触及现代性与金融化资本主义本质的关联性。它证明了主观精神与精神的客体化沉沦之间的冲突十分严重；更深刻地证明了那种靠马基雅维利的"利益驱动论"、斯密的"社会即市场、人人皆商人"、达尔文的"弱肉强食、适者生存"的历史进化模式以及价值观，延续至今，虽给人类带来过进步，但同时又使人类遭受着深重的灾难，给世界文明的整体主义精神带来了巨大的摧毁。世界期待着新的价值观的整合，期待着具有正能量的世界进步意义的精神引导，期待着具有整体主义的精神对碎片化地球的整合。

近几年金融危机爆发带来各种经济学解释的难题，这证明了一点：经济学的发展，需要跨学科、跨专业的学术互动。因此，金融危机的发生，也鞭策着经济学迈入更为广阔的领域。马克思的政治经济学批判具有独树一帜的价值贡献。《资本论》副标题是"政治经济学批判"，它原本不是一个单纯对当代经济生活范

① ［德］希法亭：《金融资本》，福民译，商务印书馆 1997 年版，第 429—430 页。

畴的批判，而是一个与人类的生存进化，与国民财富相关联的经济解放运动，承载着对经济现代性的诊断和批判。“追求经济的政治与哲学的实现”，这是经济哲学学术团队最重要的目标。今天的中国更加要求我们追求经济的政治与哲学的实现，要重新确立《资本论》所唤醒的新政治经济学价值和追求。“新”主要表现在对社会科学的发展和重新定位。当前为加快推进哲学社会科学发展，需要将哲学、经济学、政治学三大学科联合起来，产生巨大的凝聚力。中国的改革进入深水区，利益多元化，诉求多样化，引起诸多深层次矛盾，经济社会发展各种不确定性超常规地涌现，用什么样的思想观念，来导入如此重大的历史变革实践；用什么样的哲学社会科学，来支撑如此重大的市场制度创新；用什么样的中国学术、中国文化精神，来提升整个国家经济社会发展的平台，这些都需要哲学、经济学和政治学联合与互动，需要中国特色的新政治经济学的批判精神。未来15至20年，全球经济竞争的格局中，中国经济实力、企业精神、国际影响力的实质性提升，任重道远，未来的市场竞争伴随着信息化、智能化、虚拟化的深度推进，精神对物质的反作用史无前例，配置精神资源，比配置物质资源更为紧要，尤其决策思维、战略思维、思辨政治和理性的判断水平、文化创新和精神资源开发的自由度等等，都将起着非常重要的作用。

（二）“伦理道德与经济社会发展”研究

一是运用马克思主义哲学理论与方法，专门探讨经济价值论问题。如，经济过程中的事实判断与价值判断的耦合问题，对经济过程及其后果进行社会评价论研究，对经济行为的目的与手段进行矛盾关系的透视。二是深入市场经济实践活动领域，重点探讨经济价值取向与伦理失范、制度伦理与政府行为、经济效率与社会公平、经济发展与社会协调发展、企业诚信与社会责任、个人的经济自由与道德自律、社会主义市场经济的价值取向和道德规范、社会转型期的伦理冲突和道德重建等问题。三是互联网金融的伦理探究。互联网金融是传统金融行业与互联网精神相结合的新兴领域。目前，对互联网金融的界定不尽一致。从伦理角度看，互联网金融的出现具有一定的伦理意义。互联网“开放、平等、协作、分享”的精神对传统金融业态的渗透，对金融模式的变迁产生了积极的影响。

通过互联网、移动互联网等工具，使得传统金融业务具备透明度更强、参与度更高、协作性更好、中间成本更低、操作上更便捷等一系列特征。

但同时也产生了一些伦理问题，主要表现为三个方面：第一，互联网金融的安全性问题。网上交易存在较大的不确定性风险且监督机制和担保机制不健全，存在许多安全隐患。第二，互联网金融的信任危机问题。互联网金融以网络为交易平台，容易产生欺骗行为，并且有的人可能会利用平台交易机制设计的漏洞，人为进行骗贷活动。此外，交易数据、信用审核的权限都在平台手里，出资人不能有效审核这些信息，也无从判断真假，就处于非常不利的地位，容易使 P2P 走入歧途。第三，互联网金融的监督问题。目前互联网金融中的监管问题十分突出。例如，市场上讨论最多的互联网金融模式——P2P 模式和阿里模式，由于曾经进入门槛较低，监管缺失，因而在发展一段时间后即处于无序和乱象之中，目前国家已在出手整治。

（三）大数据时代的经济哲学研究

本研究从唯物史观和经济哲学相结合的角度，揭示大数据时代给货币化生存世界中人的生存状态带来的新的巨大变革。

一是数字化对生活世界的渗透以及控制如何体现工具理性与人本主义的内在一致性。人的行为信息的数据化与社会化，形成了现实社会与现实的人之外的一个“数据镜像世界”。这个世界可以最大限度地扩张每个人充分利用网络以扩大自身影响的可能性。在扩大某些人与机构对社会的影响作用的同时，也导致广大民众被这种数据网络力量所支配，全社会的个人成为“透明与半透明”的个体。由此带来双重的社会功能：一方面能满足政府相关部门案件侦办、社会调查等合法使用的特殊需要，满足代表人民利益的积极力量整合社会力量、治理社会秩序、促进社会发展的正向需要；另一方面也可能造成对人们隐私的侵犯，产生威胁和支配相关现实的人的行为。因此，重建生活世界工具理性与人本理性的统一显得尤为重要。

二是数字中心主义的逻各斯与资本中心主义的逻各斯的关联性思考，大数据神话的哲学解构。大数据衍生出来的镜像世界会把那些具有某一方面的共同的价值观念的人们无形地组织起来，形成一个无形的“影子组织”，该组织具有临时性、松散性、自愿性，形成一个专题性的社会舆论汇聚空间。数字逻辑与资本逻辑一旦被某些企业、组织和个人贯通，就会以“影子组织”的形式支配与利用社会。斯诺登事件凸显出应对这种局势的迫切性。

三是数字化抽象的世界观，深层次地显示了当下人类生存境域的焦虑及恐惧。对大数据时代人类数字化与形式化生存方式缺憾的批判尤为重要。基础性社会存在（生产力与生产关系系统）通过镜像化而纵向地扩张为“数据镜像世界”之后，又通过全球性通信体系而将实现社会存在的更加深入的社会化与全球化。全球的社会存在决定全球各个民族、各个国家与各个个体的社会意识，产生了极其复杂的全球性社会意识形态，以及各个国家内部各种社会意识形态的紧密相关。由此带来对个人处于全面被监控状态的焦虑和恐惧。

21 世纪人类社会正在经历着一场全面而深刻的历史性变革。我们认为，随着人类步入智能化和数字化生存时代，全球经济发展的不确定性、振荡、非均衡、信息不对称问题有加剧的趋势。随着我国市场经济制度创新进一步深入推进，社会发展对经济哲学的要求将更趋强烈，迈向新世纪的经济哲学会出现长足的发展。在当前新时代的中国，40 多年改革开放的市场经济实践取得了举世瞩目的辉煌成就。伟大的时代呼唤伟大的理论，我国学术界理应对中华民族举世瞩目的经济实践做出深层的理论反思和规划展望，提出具有鲜明中国特色的经济哲学思想。路漫漫其修远兮，我们在提出伟大理论的道路上还有很远的路要走，还有很多的事要做。这部著作的问世，就算是大胆吸纳和借鉴国外经济哲学研究成果迈出的一小步吧。

三、积极推进当代中国经济哲学的发展

从经济哲学研究深入中国马克思主义经济哲学深层领域，是国内经济哲学研究学者走向理论自觉的又一高度。经济哲学研究学者虽然关注经济理论与哲学勾连的问题域，也有必要从形而下上升到形而上的追问，但是，关注当下中国大地上行走的思想及理论的建构更为重要、更为现实。因此，国内经济哲学研究

的当务之急应当注重"中国马克思主义经济哲学"的建构，探讨马克思政治经济学批判精神的当代延续。

自20世纪之交伊始，以上海经济哲学研究团队为主的全国各界学术团体，围绕着数个时代热点主题举办了一系列全国性的重要学术会议。

（一）"经济哲学：哲学与经济学的联盟"全国经济哲学高级研讨会

1998年5月26—29日，"经济哲学：哲学与经济学的联盟"全国经济哲学高级研讨会在上海蓝天宾馆召开。会议由《中国社会科学》杂志社、上海市哲学学会、上海市经济学学会、空军政治学院等单位联合主办。著名哲学家、经济学家于光远、蒋学模出席会议，来自中国社会科学院、中共中央党校、中国人民大学、复旦大学、南京大学、上海交通大学、南开大学、武汉大学和上海财经大学等著名高校和科研机构的近80位哲学、经济学专家学者荟萃一堂，对我国经济哲学研究做了一次比较全面的总结和深刻反思。

本次会议对四个方面的问题进行了深入探讨。(1)现代经济哲学兴起的学术背景。现代经济哲学的兴起主要是由"两个危机"即"经济学危机"和"哲学危机"所促成。社会主义政治经济学的研究，要以马克思主义为指导，加强学科互渗，取长补短。(2)经济哲学的学科定位。经济哲学以经济实践和理论中的基本问题为对象，并上升到哲学追问。中国经济学很需要经济哲学为其正名。(3)经济哲学研究的技术路线和思路。有两个基本向度：一个是从哲学的特殊视角出发，对经济学进行研究；另一个是从经济学的特殊视角出发研究哲学。第二个向度应是经济哲学研究的根本向度。(4)经济伦理相关问题研究。

这次会议对于促进哲学和经济学两大学科的完善和发展，意义和作用不可低估。会后，《中国社会科学》《哲学动态》《毛泽东邓小平理论研究》和《经济学动态》等权威报刊发表了相关论文并做了详尽报道。

（二）全国货币哲学高级研讨会

2003年12月24—26日，"全国货币哲学高级研讨会"在上海财经大学召开。在党的十六届三中全会全面推出社会主义市场经济制度改革与创新的关键时期,在我国市场经济不断完善和货币功能愈加凸显的背景下,由《中国社会科学》杂志社和上海财经大学人文学院联合主办了全国货币哲学高级研讨会。民进中央副主席、全国政协常委、著名社会学家邓伟志出席会议;经济学著名学者茅于轼、盛洪、汪丁丁、李韦森、张军、石磊、马涛、程恩富等,哲学著名学者俞吾金、陈学明、孙承叔、段忠桥、赵修义、鲁品越等出席了会议。来自北京大学、中国人民大学、复旦大学、华东师范大学、武汉大学和上海财经大学等著名高校和科研机构的70余位专家学者参加了会议。本次会议的一个显著特点是哲学、经济学和社会学三大领域专家学者共同聚焦货币问题,对货币哲学做了一次比较全面的总结和深刻反思。

本次会议研究了七大问题:(1)研究货币哲学的理论与实践意义。开展货币哲学讨论意义有二:一是它有助于当代中国人在市场经济条件下,培育健康的货币心理;二是展开货币哲学讨论是国内经济哲学研究走向深入的需要。(2)货币哲学研究的学科归类及其合理合法性讨论。货币哲学研究成为可能是因为经济学价值判断内含着哲学的分析。(3)关于马克思货币哲学研究思想的解读。从社会关系的角度来揭示货币存在的社会本质仍然是科学真理。(4)关于西美尔货币哲学思想的评价。(5)关于货币力量的深层本体论的解析。(6)关于对现代性的批判,理应包含对货币的哲学批判。(7)关于新货币革命中的伦理与技术问题。

会议结束后,《中国社会科学》《哲学研究》《哲学动态》和《人民日报》等权威报刊发表了相关论文并做了详尽报道。

(三)全国资本哲学高级研讨会

2006年5月27日,“全国资本哲学高级研讨会”在上海财经大学召开。随着我国社会主义市场经济的蓬勃发展,货币力量逐渐转化为资本力量,现代市场资本体系愈加成熟,客观上要求学界对与资本相关的重大理论和实践问题做出回答。上海财经大学经济哲学团队和中国社会科学院哲学研究所《哲学研究》编辑部共同发起主办了这次会议。来自《中国社会科学》杂志社、《哲学研究》杂志社、北京大学、中共中央党校、中国人民大学、复旦大学、南京大学、东南大学和上海财经大学等30多所著名高校和科研单位的近百名专家学者参加了会议。

这次会议着重对五个问题进行了探讨。(1)资本范畴的当代诠释。资本范畴有三个基本维度:物的维度、社会关系的维度、精神生活的维度。(2)主体性资本与主体性哲学的双向追问。二者的关联表现为:主体性哲学的启蒙与发展离不开主体性资本的发育和生成;主体性哲学只有通过主体性资本的证明,才能被指认为是现存的、可感的、可量度的和可通约的。(3)资本与现代性的勾连问题。资本扩张过程推进的生活世界货币化,是资本带给人类社会的最根本的变化,其充满矛盾的过程是现代性生成过程的深层主线。(4)资本与中国现代化历史进程。资本是人类社会发展不可逾越的一个阶段,资本不是资本主义的特有现象,社会主义也可以有资本,并可以运用资本为社会主义现代化建设服务。(5)《资本论》的当代意义。《资本论》留下深刻的启示是:搞哲学的不能陶醉于哲学理性批判,应当关注现实社会的经济运动,关注并批判汲取同时代经济学家的研究成果,只有将哲学批判与经济学批判相联系,才能揭开"历史之谜"的谜底。

会议结束后,《哲学研究》《哲学动态》和《解放日报》等国内权威期刊发表了相关论文并做了全面详细的报道。

(四)"金融危机的伦理反思"全国高级研讨会

2008年,美国次贷危机引发的金融危机对全球经济产生了深远的影响。金融危机不仅是金融领域的危机,也是政治、经济、社会、文化以及伦理的危机。在此背景下,于2009年11月21日,上海财经大学人文学院与上海伦理学会共同主办了"金融危机的伦理反思"全国学术研讨会。中国逻辑学会副会长、上海财经大学原党委书记马钦荣教授,中国伦理学会副会长王小锡教授,上海市伦理学会会长朱贻庭教授到会并致辞。来自复旦大学、中山大学、上海社会科学院哲学所和上海财经大学等十几所高校的80余位专家学者参加了会议。

本次会议对如下问题进行了深入交流:(1)国际金融危机所引发的种种认识幻象,是否意味着技术的忏悔遮蔽着道德的查审;(2)为什么最具有现代金融监管技术和体系的华尔街,却因监管不力引发重大危机;(3)对当代金融危机的伦理反思的深度解读,必然要追究到政治制度与经济制度的深层本体论问题。这场危机不但是金融经济领域的危机，更是一场深刻的观念危机，对于金融危机背后折射出来的新自由主义理论范式的危机，美国政府以制造泡沫来追求GDP增长的行政伦理危机，以及当下盛行的享乐主义消费观念企业，以利润最大化为目标的非道德经营理念，学者们都进行了哲学层面的批判和反思。

本次会议结束后，《中国社会科学》《哲学动态》《伦理学研究》《道德与文明》《解放日报》和《文汇报》等权威报刊发表了相关论文并做了详尽报道。

（五）全国财富哲学高级研讨会

2010年6月26—27日，“全国财富哲学高级研讨会”在上海财经大学召开。会议由中国社会科学院哲学所、《哲学研究》杂志社、上海财经大学人文学院、上海财经大学现代经济哲学研究中心联合主办。中国社会科学院时任副院长李慎明研究员做了主题报告，来自中国社会科学院、中国人民大学、中共中央党校、复旦大学、中山大学、武汉大学、华东师范大学和上海财经大学等著名高校和科研机构的80余位专家学者参加了会议。与会专家学者从哲学、经济学、政治学、社会学等不同视角，对财富范畴进行了广泛交流和深入探讨。

这次会议着重对五个问题进行了探讨：(1)财富范畴的寓意及其社会本质。财富范畴是历史的、流变的，是人性欲望与社会权力的产物，也是量度人类实践行为属性和社会内在矛盾的重要尺度。(2)马克思的财富观及其当代意义。学者讨论最为激烈的是财富分配的社会公平公正问题。(3)虚拟经济与虚拟财富的哲学解读。在当代资本市场的发展与财富创造的关系上，我们应当高度警惕过分虚拟化给社会带来的负面效应。(4)对国际金融危机发生的深层原因进行透析。运用马克思主义理论资源剖析金融危机与财富的深刻本质联系。(5)改革开放30多年中国人财富观的嬗变。

本次会议结束后，《中国社会科学》《哲学动态》和《哲学研究》等权威报刊发表了相关论文并做了详尽报道。

自2013年全国经济哲学研究会正式成立以来，每年都会围绕时代热点问题举办全国性会议。经济哲学也逐渐发展成为中国马克思主义哲学的一个显学。全国经济哲学学术发展起源于市场经济的发育，成熟于改革实践，推动学术研究不断创新，积极推进21世纪的“中国马克思主义经济哲学”的哲学社会科学话语权建构。

第四节　近、现代经济哲学发展史上三个重要代表人物简介

一、亚当·斯密

亚当·斯密(Adam Smith，1723年6月—1790年7月17日)，是英国著名经济学家、伦理学家和哲学家，他的代表作《国富论》成为第一本试图架构西方市民社会财富运动的著作，对此后个人生存和国家运转乃至全球发展产生了巨大影响。同时，它也提供了现代自由贸易、资本主义发展和自由主义的理论基础。一般而言，现代经济学是从斯密开始而逐渐发展成为一门独立的完整学科，因此，斯密被誉为经济学之父。

1723年斯密生于苏格兰法夫郡的柯科迪，确切的出生日期尚不清楚。他的父亲在斯密出生前6个月便去世了。童年的斯密在柯科迪这座商业贸易繁荣的城市得到了许多感性经验，尤其是“自由”贸易的观念。斯密在14岁时考入了格拉斯哥大学，并在他最为尊敬的哈奇森教授的教导下学习研究道德哲学。在格拉斯哥大学这段时期，斯密研读甚广，在情感、人性、道德、自由等领域成绩斐然。在哈奇森教授的引导下，他完成了极为重要的著作之一《道德情操论》。

1740年他进入了牛津大学贝利奥尔学院，1748年他开始在爱丁堡大学授课，他的教师生涯是从修辞学开始的。斯密在这一时期已经开始研究关于财富发展的问题，这成为他日后创作《国富论》的思想开端。

大约1750年，他认识了大卫·休谟，自此之后，斯密的人生出现了重大转折。通过与休谟等苏格兰启蒙运动各个流派人物的密切交流，斯密深受启蒙思想的熏陶，成为这一时期典型的代表人物。休谟也是第二个对斯密影响最大的学者，两人互道好友，书信交往甚密。

1751 年斯密重返母校，担任格拉斯哥大学的逻辑学教授，之后担任道德哲学教授。他的讲课内容很广，继承了恩师哈奇森教授的智慧。1759 年他出版了《道德情操论》一书，此书成为亚当·斯密的成名之作，但思想要义不同于休谟，斯密认为基于同情心才能对这个自利的市民社会矫枉过正。

1764 年至 1766 年间，斯密游学欧洲，在法国斯密得到了宝贵的思想财富，认识了许多上层社会人物和名流精英，例如，狄德罗、卢梭和杜尔阁等。尤其重要的是他还结识了魁奈，魁奈是重农主义学派的领导人物。斯密从重农主义学派吸收了大量重要思想。其后，斯密用了 10 年时间，倾力创作《国民财富的性质和原因的研究》一书，并于 1776 年出版。

1778 年他担任苏格兰的关税部长一职。斯密在这一时期荣誉颇丰，成为格拉斯哥大学的荣誉校长和英国皇家学会会员。1790 年 7 月 17 日，斯密在爱丁堡去世。斯密在临终前数天，烧毁了几乎所有的手稿和著作，那些对利己和利他的深刻研究成为历史之谜。斯密的思想对后世影响巨大，以至于英国将斯密的头像印在 2007 年发行的 20 镑英镑币面上。

亚当·斯密所处的时代，是一个动荡与秩序并存的历史时期，不仅出现了资产阶级革命的全球趋势，而且世界贸易逐渐发展成为一个整体，同时也诞生了众多启蒙欧洲的思想家们。斯密的巨著《国富论》就沉淀了这一历史变革时期的伟大思想，斯密继承了自己恩师哈奇森的道德哲学思想，同时也继承了重商主义和重农学派的合理观点，休谟这位大思想家也给予了斯密强烈的启蒙精神。

斯密在《国富论》中阐释了一个最重要的原理就是自由交换市场，“社会即市场，人人皆商人”具象地概述了这一思想。社会在斯密的构想中变成了市场，任何人都可以在这里自由地进行交易和贸易活动。个人是自由的，市场也是自由的。人受欲望和利益的驱动，在自由市场中搏杀。每个人都在市场中分工劳动和自由贸易，每个人都可以在市场中交换自己想要的商品，达成自己期待的目的。政府只是扮演了一个小角色“守夜人”。

斯密深刻地剖析了劳动、土地和资本与经济增长的关系，但是也要看到斯密的历史局限性，斯密没有重视知识尤其是科技带来的强大生产力。正如罗斯托在《经济增长理论史》中所断言的，亚当·斯密并没有关注工业革命的到来，也没有把知识转化和科技创新放在经济增长的重要位置上,“他也认为生产率的进步主要出现在已有的、基本上属于常用的技术中”①。诺贝尔经济学奖得主斯蒂格利茨也谈道:“然而斯密并没有提及现代经济中国家财富积累的基础,并未谈到研发投入的作用。”②

斯密生前有两部最完整也是影响最大的著作:《道德情操论》和《国富论》。《国富论》一书对于经济学的创立有极大贡献,使经济学成为一门独立的学科。在西方世界,这本书甚至可以说是经济学领域最具影响力的著作,被后世的经济学家认定是古典政治经济学的开端。

二、卡尔·马克思

卡尔·马克思(Karl Marx,1818 年 5 月 5 日—1883 年 3 月 14 日),是犹太裔德国哲学家、经济学家、社会学家和政治学家。马克思被广泛认为是历史上极具影响力的思想家之一,马克思与法国社会学家涂尔干、德国社会学家韦伯并列为现代社会科学开创者。

1818 年 5 月 5 日,马克思出生在普鲁士王国下莱茵省的小镇特里尔的一个相对富裕的中产阶级家庭。在波恩就读大学期间,马克思加入了激进政治社团诗人俱乐部。1836 年马克思与燕妮订婚。1837 年,马克思加入了学生团体“博士俱乐部”,而后成为著名的“青年黑格尔派”成员,这一时期马克思的思想颇为激进。

1842 年马克思搬到科隆,担任《莱茵报》主编。对经济利益的困惑引起了他对经济利益这一领域的兴趣。1844 年 8 月 28 日,马克思在凯皇咖啡馆与弗里德里希·恩格斯会面,两人结下了深厚的友谊。1844 年 8 月,马克思完成了《1844 年经济学哲学手稿》,但这份手稿直到 1933 年才发表。1845 年 12 月,马克思和恩格斯合作新的著作《德意志意识形态》,这本书也常常被视为其历史唯

① [美]W. W. 罗斯托:《经济增长理论史》,陈春良等译,浙江大学出版社 2016 年版,第 59 页。

② [美]约瑟夫·斯蒂格利茨:《美国真相:民众、政府和市场势力的失衡与再平衡》,刘斌、刘一鸣、刘嘉牧译,机械工业出版社 2020 年版,第 8 页。

物主义观念的重要著作。在《德意志意识形态》一书中，马克思和恩格斯批判了黑格尔的劳动辩证法与费尔巴哈唯物主义的不彻底性，并创立了历史唯物主义。

马克思和恩格斯从1847年至1848年开始为共产主义者同盟撰写共同行动纲领。1848年2月21日由马克思起草的《共产党宣言》正式发表，成为新成立的共产主义者同盟的纲领性文件。1849年5月，马克思接到普鲁士政府的驱逐令而被勒令离开普鲁士。1849年8月被法国政府驱逐的马克思一家流亡至英国伦敦。1851年12月至1852年3月，马克思撰写了《路易·波拿巴的雾月十八日》，认为无产阶级最终将能够超越资本主义国家而获得胜利。1881年12月马克思的妻子燕妮逝世，1883年3月14日马克思在伦敦寓所逝世。

在马克思伟大思想诞生的早期，费尔巴哈对马克思的影响颇深，但是，马克思很快便发现了费尔巴哈的局限性，即他对黑格尔整个辩证法的否定。费尔巴哈否认对事物的肯定必须通过“否定”的思想，但是这一异议却给予了马克思思想创新的质料。

马克思政治经济学批判是马克思主义哲学的精髓。马克思政治经济学批判是从社会存在本体论出发，从市民社会的现实范畴出发的。早在马克思对黑格尔《法哲学原理》的批判中就可以看到，市民社会与国家的关系才是现实经济活动中最重要的一对矛盾。马克思从市民社会与国家的矛盾关系开始，批判了黑格尔国家决定市民社会的观点，认为只有市民社会才能决定国家，只有对市民社会的剖析才能找到扬弃异化和资本的可能。因此，马克思着手对当下社会经济活动尤其是政治经济学进行研究。

劳动在经济学范畴里是首要概念，马克思通过劳动这一事实前提，展开对劳动和市民社会的分析。从同一前提——劳动——出发来考察市民社会，却得出了同国民经济学家不同的结论。一方面，国民经济学家把劳动当作第一原则，另一方面，劳动却被置于市民社会之下来讨论，于是资本获得了比劳动高的地位。在国民经济学家看来，资本是永恒的乃至高尚的。

马克思对资本的剖析是从劳动出发的，只有从劳动出发才能揭示出工人同劳动产品之间的本真关系。在资本主义社会大生产这种扭曲的劳动中，劳动工人生产得越多，就越贫穷；劳动工人自我生存的异化造成了劳动活动的异化；劳动活动的异化使得劳动工人同自己的类本质相异化；由于劳动工人同自己的劳动产品、劳动活动和自己的类本质相异化，因而最终就造成了人与人的异化。由此，马克思得到了“异化劳动”的概念。国民经济学家口中的经济规律，是以异化劳动为前提的。马克思认为，只要能把握异化劳动和私有财产这一对矛盾，就可以阐释西方经济学的一切范畴，“例如买卖、竞争、资本、货币，都不过是这两个基本因素的特定的、展开了的表现而已”①。不同于费尔巴哈局限在感性事实和宗教批判中，马克思从现实经济活动中给出了对市民社会的判断，当下的经济劳动是异化的，根源就在于私有财产的产生。《1844 年经济学哲学手稿》这部著作虽然不是最完整的，但却是马克思思想的重要转折。马克思通过以往的研究，从分析宗教异化到政治异化再到劳动异化，最终发现异化劳动与私有财产的根本社会矛盾。

马克思的异化思想渊源不仅受到了费尔巴哈和黑格尔的影响，也受到了古典政治经济学的影响。正如路德发现了宗教的本质不是外在的信仰而是人的内心一样，亚当·斯密也在古典政治经济学中发现了私有财产的本质，私有财产是人的本质力量的体现。劳动产生的财富在资本主义社会中变成了私有财产，最终演变成了资本，并以工业资本这种完成了的形式显现，以这种完成了的形式无声地支配世界。马克思抓住了异化劳动的根源私有财产，认为只有通过扬弃私有财产才能达到人的真正解放，达到自然主义与人道主义的统一。

马克思的政治经济学批判最重要的主题，应当是资本与精神的对立。思考资本给整个人类带来的异化遭遇、境遇，以及人类走向未来的精神解放的条件、规律、趋势和道路。马克思从资本的内在否定性原理方面，深刻地揭示了现代性的历史过程性，在资本主义社会，资本的内在否定性集中体现在五个对立的关系中：劳动与资本关系的对立、资本的私有化与社会化的对立、资本的技术向度与人本向度的对立、资本的主体间性的内在竞争与对立、资本追求剩余的秉性与文明发展的极限的对立。

马克思的主要著作包括：《黑格尔法哲学批判》《1844 年经济学哲学手稿》

① 《马克思恩格斯全集》第三卷，人民出版社 2002 年版，第 279 页。

《关于费尔巴哈的提纲》《德意志意识形态》《共产党宣言》《政治经济学批判大纲》和《资本论》等。

三、让·鲍德里亚

让·鲍德里亚(Jean Baudrillard,1929年7月29日—2007年3月6日),法国著名社会学家及哲学家,后现代主义代表人物。

鲍德里亚自幼家贫,考大学时落榜,曾在阿尔勒地区当农工。若干年后鲍德里亚回到巴黎,一边在高等实用知识学院上罗兰·巴特的课,一边经由亨利·列斐伏尔(Henri Lefebvre)的指导撰写博士论文。1986年鲍德里亚转至巴黎第九大学任教,直到1990年辞职退休。鲍德里亚的思想深受结构主义之父索绪尔的影响。20世纪90年代鲍德里亚在美国声名鹊起,有趣的是,美国著名导演沃卓斯基兄弟(The Wachowskis)自称受鲍德里亚的著作《拟仿物与拟像》(*Simulacres et Simulation*)的影响,而在1999年拍出电影《黑客帝国》。

政治经济学批判是马克思哲学思想的轴心,正如德国学者伊林·费彻尔所言:"马克思的目的始终是'政治经济学批判',这既意味着对资本主义生产方式批判,又意味着对它在资产阶级国民经济学说中的理论反映进行批判。"[①]20世纪下半叶的后马克思主义者鲍德里亚继承了马克思的精髓,同样追求经济问题的政治和哲学的深刻追问。在经济领域他看到的是:资本主义由生产型社会向消费型社会转变,传统的刚性需求被资本逻辑通过符号逻辑的装扮而带来的"欲求"消费所取代,资本的剩余价值生产与占有出现了新形式。在政治领域他看到的是,权力的幻化与意识形态的幻化相叠加,政治主要通过意识形态的幻化而潜移默化地实现"理性的狡计",传统的国家合理性、合法性的论证被一种新型的、抽象的、萦回的符号、拟真、媒介、影像等政治学解释文本所遮蔽。传统意义上的阶级斗争消失了,新的冲突、对立、矛盾形式化解在现代消费逻辑的框架系统中。在经济与政治追问的基础上上升为哲学思辨的存在论追问:传统意义上的存在

---

① [德]费彻尔:《马克思与马克思主义:从经济学批判到世界观》,赵玉兰译,北京师范大学出版社2009年版,第51页。

的边界被销蚀，实体的存在变为抽象的符号、符码存在，存在变为纯粹的主观精神的意向性产物，世界进入存在和不存在、真与假的幻象之中。

鲍德里亚政治经济学批判思想的历史背景有以下三个领域：第一，从经济领域来看，20 世纪资本主义由生产型社会转向消费型社会。一方面，后工业社会中工薪阶层消费模式兴起，消费形式多元化，科学技术及其成果在消费领域的大量转换，另一方面，西方经济学理论将消费作为维持社会再生产的动力，如"消费不足论"等。第二，消费至上经济界面的出现引来了政治界面发展的新形式、新样态，它使晚期资本主义的意识形态、阶级、国家权力组织形式发生了重大变化：首先，资本主义的统治意识通过意识形态表现出来，符号与媒介成为意识形态的承载者，技术政治成为政治权力的中心，同时"媒介主导了意识形态的市场化和商品化"[①]；其次，中产阶级的出现模糊了马克思时代的劳资关系的界限，国家的政治活动与事件超越了传统的阶级斗争的格局；最后，国家政权的运作被技术政治所统摄，国家政权的理性狡计显得更加隐蔽、更加间接，在以符号、仿真为社会组织原则的"超真实"的资本主义社会中，传统的国家的实体定位受到冲击，国家的政权组织形式呈现符号化、逻辑化、概念化、虚拟化特征。第三，鲍德里亚所处的时代是西方后现代主义哲学兴起的时代，他从符号论哲学上升到形式化工具主义的追问有着从实体存在论走向主观化、意象化存在论的哲学指向。一方面，后现代主义思潮消解了永恒的意义、绝对的真理与不变的本体，破除了主体对"理性""本真"的终极追问与反思，它使物自体消融于现象之中、存在消融于表象之中；另一方面，胡塞尔对理性主义时代的范畴、教条、原理提出质疑与批判，胡塞尔对理性地位的颠覆、对生活世界的高扬，为鲍德里亚视觉化、表象化的符号本体论奠定了基础。

鲍德里亚的政治经济学批判是对人类进入消费社会的经济思辨，又是对智能化时代资本主义社会政治走向隐蔽性、间接性、虚假性乃至仿真性的本质揭示，更是从哲学向度对晚期资本主义社会人类的生存境遇进行的深刻批判。在他看来，工具理性意义上的进步使人类越来越使用范畴、符码、图像达到自身存

① [法]鲍德里亚：《符号政治经济学批判》，夏莹译，南京大学出版社 2015 年版，第 228 页。

在的高度自觉与自信，但是这又引来了另一个严重的人的异化问题：“形式化人类”和“人类的形式化”，生命的本真、有机存在变成了冰冷的逻辑世界。

所谓“形式化的人类”，是指在劳动、生产、分工、交换的驱动下，人类的本能存在越来越转向智能化存在，范畴、数字、科技、创新构造了“第二自然”的人类社会，工具理性意义上的进步使人类越来越使用范畴、符码、图像达到自身存在的高度自觉与自信，因此，亚里士多德式的形式对质料的主动性、能动性、统摄性凸显，以至于导致了如此异化：人类越来越远离“原始丛林的本能行为”，而与各种形式化的工具理性越来越近，这是人类自身进化的一大进步。但是，这种对符号、符码、数字、芯片的依赖越来越严重，从而较大地限制了现代人的自由、自主，为生命价值的实现带来了极大障碍。可见，鲍德里亚的政治经济学批判是对人类进入消费社会的经济思辨，又是对智能化时代资本主义社会政治走向隐蔽性、间接性、虚假性乃至仿真性的深刻揭示，更是对当代人类走向智能化时代后形式化的生活方式与精神的自由与彻底解放的呼吁。

所谓“人类的形式化”，是指人类生活的现实遭遇已经被彻底的工具理性的形式化所左右，表现为刻板的生存方式（符号左右了我们的生活及其生命意义和价值追求）、自由的机器进化论（从人是机器走向机器是人，符号、符码成为生活世界的逻各斯中心主义的追求）、人类精神活动空间越来越失去灵感、直觉、创新的本能（失去一切人的本真存在，形式创造人类，人类却越来越显得某种意义上的软弱无能）。

鲍德里亚的代表著作包括：《物体系》《消费社会》《符号政治经济学批判》《生产之镜》《象征交换和死亡》《消费符号》和《拟仿物与拟像》等。

第二章　经济人与道德人——亚当·斯密的《国富论》《道德情操论》选读

第一节　亚当·斯密的非凡人生

一、从“遗腹子”到“老光棍”

1723年6月5日，斯密出生于苏格兰法夫郡的柯科迪。他的父亲是当地海关的审计员，家庭富足，但不幸的是他在斯密出世前的几个月就去世了。但是这个婴儿却成为苏格兰启蒙运动的新星——现代经济学之父，引领了之后数百年的经济范式。斯密的母亲是大地主的女儿，一直活到90岁。斯密生前丧父，童年体弱多病，又无兄弟姊妹，一生未曾娶妻，同母亲玛格丽特·道格拉斯相依为命60年。但是就是这个“老光棍”，开启了现代性发育的第一篇章，成为近代经济哲学的首位代表人物。

二、城市精神与终身偏好

斯密在柯科迪市市立学校度过中小学时代，接受了启蒙教育。由于对书籍的热爱和惊人的记忆力,他颇受众人关注。当时,柯科迪市是当时苏格兰最大的城市,英国工场手工业和外贸业极为发达,海运便利贸易繁荣。在大航海时代和地理大发现的背景下,英国城市对外贸易频繁,遍布大西洋周围各大陆地区。商业贸易就是城市发展的主旋律,而城市的发展和繁荣对少儿时代斯密“工业与商业”意识的培育有着十分重大的影响。

斯密关于自由主义学说的思想感性经验就直接来源于这个蒸蒸日上的城市。从“自然秩序”到牛顿范式,斯密为架构近代市场形态即自由市场秩序做了充足的准备。

三、两位哲学家的思想熏陶

格拉斯哥大学是当时苏格兰启蒙思想最为活跃的圣地。1737 年斯密进入格拉斯哥大学学习,他聪明智慧、兴趣广泛,先后学习了伦理学、拉丁文、物理学、逻辑学、欧几里得几何学和微积分。其弟子在后来回忆讲,斯密在学校最喜欢的是数学和自然哲学,而牛顿的自然科学范式显然对斯密影响很大。

对斯密影响最早、最深的是他的恩师即著名的道德哲学家弗兰西斯·哈奇森,他也是 18 世纪苏格兰启蒙运动的奠基人。哈奇森教授颇具人格魅力,不仅长相英俊而且学识渊博、品行优雅,深得学生爱戴。在斯密留校任职道德哲学教授时,他仍不忘哈奇森教授的教诲与智慧,继承了他理性和仁爱的传统,宣扬道德的合法性是人之本性。在格拉斯哥大学任教期间,斯密对哈奇森教授一脉相承,创作了他最重要的著作之一《道德情操论》。正是这部著作确立了斯密的学术地位。

在哈奇森教授的引见下,斯密与正在写作《人性论》的英国大哲学家休谟相识并成为朋友,虽然在当时休谟被认为是另类的学者,但是斯密和休谟却无话不谈,休谟称呼斯密为“我的朋友”,两人的友谊持续了几十年。休谟也是早期苏格兰启蒙运动的代表人物,其著作《人性论》深入探讨了人之本性的问题。

1748 年斯密担任了爱丁堡大学讲师,不久开始讲授经济学课程。1751 年被选为格斯达哥大学逻辑学教授,1752 年又担任该校的道德哲学教授,直到 1764

年辞去教职。在这一时期，斯密与休谟的密切交往和学术探讨，给予了斯密更广阔的视野，《道德情操论》也是在两人共同执教的格拉斯哥大学时期完成的。斯密对自由市场的架构，深刻地体现着人之自由本性。尔后斯密开始创作《国富论》，这一过程持续了数十年，直到1776年正式出版。

四、销毁手稿，与世长辞

1759年斯密出版了《道德情操论》名著，获得学术界极高评价。尔后于1768年开始着手著述《国民财富的性质和原因的研究》(简称《国富论》)。1776年3月此书出版后引起大众广泛的讨论，影响所及除了英国本地，连欧洲大陆和美洲也为之疯狂，因此世人尊称斯密为“现代经济学之父”。1784年斯密出席格拉斯哥大学校长任命仪式，因斯密之母于1784年5月去世，所以斯密迟未上任，到1787年才担任校长职位至1789年。

财富问题或者说政治经济学问题一直是斯密最为关注的现实问题。《国富论》也在试图架构和解答这一难题。不难看出，斯密的宏大叙事构建出了自由市场这一致富前提，而在市场中自利原则是个人的出发点，通过劳动分工，劳动者才能到达财富的彼岸。斯密最重要的思想不在于解读了财富增长，而是作为人类文明存续和进步的利己与利他的哲学反思。斯密不仅继承了古希腊智者亚里士多德、中世纪斯多葛学派及恩师哈奇森的仁爱及理性主义，同时也大量吸收了霍布斯、孟德维尔的自利主张，重农学派的“自然秩序”和牛顿科学范式也都给斯密提供了丰富灵感并产生了深刻影响。斯密自己也承认，《道德情操论》是远比《国富论》更为优秀的作品。

斯密在去世前将自己的手稿全数销毁，被烧毁的手稿众多，包括斯密毕生积累的所有思想手稿，还有很多未完成的诸如哲学、辩术等不同学科的思想研究。这一切都在那个星期天灰飞烟灭，那些对利己和利他的深刻探讨研究成为了历史之谜。斯密是一个谨慎而追求完美的学者，他极度在乎其身后的声誉。对于烧毁文稿，他的解释是：“我想我所能做到的最好的事，就是让自己已经出版的那些作品，能够在我身后以最佳、最完美的状态留存于世”。1790年7月17日斯密与世长辞，享年67岁。

第二节 斯密撰写两部名著的历史背景

一、"市场社会"的出现

(一)变革的力量

强大的变革力量在欧洲封建主义内部起作用，有助于逐渐引入市场社会的结构。这些力量主要包括：

(1)行商(traveling merchants)出现。欧洲的商业活动机构在1715年之前就已经发展起来，如文艺复兴时期的银行和保险公司，还有16世纪特许的贸易公司，尤其以欧洲当时最为强盛的荷兰、西班牙、葡萄牙和法国为代表。进入17世纪末期，欧洲乃至世界的海洋霸权易主为英国，这让大不列颠的商业贸易获得了更为广阔的市场，在全球展开了贸易活动和殖民地掠夺，例如制糖业、茶业和最为臭名昭著的黑奴贸易。

(2)配枪的又不是军人的商业小分队。这些非正式组织来自世界各地，从欧洲大陆拓展到全世界进行探险和集市贸易，将不同商品带到中世纪欧洲的乡间道路，把贸易、货币和获取精神(acquisitive spirit)引入封建精神。贸易中介正在以低调的姿态充斥于封建传统的社会体系中，正因如此，资产阶级的诞生和发育才越来越壮大。

(3)城市化过程的变革更是引人注目。在14世纪到18世纪这一历史阶段，世界出现了翻天覆地的变化。尤其是"圈地运动"，导致大批农民破产，丧失了土地的农民不得不寻找养家糊口的工作，"无产"的农民便自发地集聚于新生的工场手工业中，成为早期的"无产阶级"。伴随着农民的进城，逐渐形成了现代意义上的城市前身，这就是典型的城市化。

(4)经济活动形成了以贸易为主导的新的权力中心。16—18 世纪的欧洲，在历经数次大战之后，诞生了唯一的海洋霸主:英国。在奠定了海洋霸主地位之后，依托于强大的经济体系、工业变革和政治改革等，英国主导了这一时期的全球贸易活动。市民社会的发育逐渐成长壮大，新的世界格局就此展开。贸易中心逐渐成为经济中心乃至权力中心。

(5)新教思想出现。相比从前的天主教，更加同情商业活动的新教思想出现了。这一历史运动充分展现了宗教、经济和政治是不可分离的，至少在早期市民社会看来是如此。1687 年詹姆斯二世发布了英国宗教史上重要的《宽赦宣言》。其中非常重要的一条规定是，将礼拜自由给予了大不列颠即英格兰和苏格兰的所有教派。这一宽松的宗教历史时期，充分保证了自由贸易活动，也为英国全面强盛奠定了基础。

(6)庄园系统内部税费货币化。在经历了“圈地运动”后的英国，大大小小的贵族阶层和地主将土地租出去或者雇佣劳动力来进行生产活动。这样一种经济形态不可避免需要用到大量货币。尤其随着黑奴全球贸易，为英国补充了大量的劳动力，欧洲尤其英国对货币量的需求大增，进而推动了欧洲的金融发展和货币变革。

(7)探险时代及其给欧洲带来黄金的刺激。自大航海时代开始，欧洲各国争相开始了发现新大陆的探险比赛，其主要目的是占领殖民地和侵占殖民地的丰富物产，这其中就包括贵金属。

(8)基于商业的统一化民族国家兴起。约翰·洛克在 1689 年创作的《论宗教宽容书简》中，就指出了 17 世纪的宗教变革直接导致宗教与国家的分离。这种分离正是塑造了一个崭新的社会的开始，即市民社会。洛克认为，宗教排除了对社会和国家的控制，更有利于社会的发展，国家就是由人们组成的一个社会，人们组成这个社会仅仅是为了谋求、维护和增进公民们自己的利益。在英国，1689 年后英格兰逐渐出现政治转变。国家的运转中心从代表个人意志的王权转移到代表公共性的议会中，议会民主制逐渐开始成为英国政治、经济运转的核心。尽管这个过程比较漫长，但是历史所见英国君主与议会的关系逐渐变得微妙和谐。因此，作为整个大不列颠地区来讲，分裂的英格兰、苏格兰有了共同的意志,这种意志首先统一于商业贸易。

(二) 经济生活

这些力量导致经济生活开始从社会生活中分离出来。生产和分配过程,不再模糊地混合在宗教、社会和政治的盛行习俗及惯例中,而是形成它们自己截然不同的生活领域。经济活动逐渐成为社会中具有独立性的和主导性的力量,市民社会逐渐形成以商业活动为主导的形态。宗教对经济的影响和控制已经逐渐成为历史。新的商业模式和商业力量登上了历史舞台。

(三)社会阶层的深刻转型

正是经济活动和商业模式的转换和变化直接带来:农民(农奴)不再受土地的束缚,而是变成自由流动的劳动者;行会雇主不再受行会的约束,而是变成独立的企业家;土地的领主变成现代意义上的地主。这种转型是一个充满暴力的过程,特别是始于14世纪的圈地运动,其一直延续到17世纪并达到最高峰,这个过程是历史上最具争议的暴力行径。其直接后果就是大量农民(农奴)成为经济意义上的自由劳动力,而大批获得土地的贵族领主等则成为近代意义上的大资产阶级。行会制约的削弱塑造了大批市场上的手工业作坊主或企业家,在市场的自由贸易中,生产者和消费者、资本家和劳动力都找到了自己的历史位置。

(四)生产要素

出现了自由劳动者、资本家和地主,他们都在市场上出售其服务以换取土地、资本和劳动,这时便有可能讨论"生产要素"。这个词有两种含义:一是指实物范畴,土地、劳动和资本作为生产过程中可区分的要素;二是指一种社会关系,劳动者、地主与资本家作为不同的集团或阶级之间的关系。

(五)财富观念的改变

资本主义的出现,改变了财富观念,从炫耀和威望的对象转变为必须拿到市场出售的商品。社会各阶层都出现了利润动机,这不是作为一种获取性的动力,而是作为一种普遍深入的必要性。

（六）新的经济社会出现的新的研究兴趣：市场社会的机制

斯密本来是一位哲学家，他把有力而又广泛的探索，转向了对"完全自由"社会（自由签约主体的社会）的理解。在《国富论》中，斯密描述了这种社会的两种属性：一是增长趋势。通过劳动分工的细化，导致劳动生产率的提高。需要说明的是，增长一直是一个颇有争议的概念。在经济关系中，增长与利益最大化成为市场主体和资本的目标乃至秉性。二是市场机制。在这种机制中，竞争起着关键性作用。根据市场商品需求的变化来改变相应的商品生产或供给。供求关系成为一个动态均衡的过程，斯密用"看不见的手"来描述这种资源配置。

二、《国富论》的主题叙事

回顾经济学的历史，虽然两百多年来经济学著作汗牛充栋、学派林立，但理论经济学不外两大门派：一是以斯密为鼻祖的市场经济学；二是马克思的政治经济学。1776 年出版的《国富论》奠定了现代经济学的基石。

《国富论》是探讨和开辟金钱动机的社会制度框架的经济哲学著作。宏大叙事、"市场交换"的自由哲学、经济增长的动力论等。其中重点讲述了劳动分工、货币起源和使用、商品价格、劳动工资、资本利润和土地地租等内容。

斯密不是政治经济学创始人，坎蒂隆、魁奈和杜尔哥更有资格享有这个荣誉，确切来说他们只是对一门科学的彩排。而《国富论》则是第一部完整的、系统的、全面的经济学专论。它包含生产和消费理论的坚实核心，随后是根据这些抽象原理对过去的评论，并结束于一连串的政策建议，全书贯穿于斯密所认识的世界运动的"最明白和最单纯的自然自由制度"的崇高主题。

第三节　《国富论》经典原理解析

一、人人皆商人，社会即市场

人人皆商人。“一切人都要依赖交换而生活，或者说，在一定的程度上，一切人都成为商人。”[①]

社会即市场。当交换与分工发展到了某种阶段时，每个个人对于社会上其他人的依赖性是非常大的。“而社会本身，严格地说，也成为商业社会。”[②]

评析：“人人皆商人，社会即市场”，这是对市场社会特点的深刻表达。实际上，该社会的出现是人类文明史上的巨大进步。“市场社会”与古代社会的区别：在市场社会，经济问题——生产和分配——通过买卖双方大量交换来解决，古代社会也有市场，但它们没有组织这些社会的基本活动。古代社会，财富追随权力，市场社会权力追随财富。古代社会的城市是寄生性的消费中心，而市场社会的城市是积极性的生产中心。古代社会的市场交换是自发的、集体无意识行为，而市场社会的商品交换是自觉的、以完整的市场体系为基础。

正是在商业贸易交换和市场发育中诞生了市场精神的概念。翻开“市场精神”的认识史，经济学家和哲学家都有过相关论述。18 世纪苏格兰启蒙运动最先发起有关现代市场精神问题的讨论。英国的工业革命推动了欧洲现代性发育和发展，苏格兰启蒙运动代表人物亚当·弗格森认为，新商业社会的文明市场，要摒弃野蛮愚昧人性状态，必须重视民族精神和商业艺术的进步。亚当·斯密把“交往、物品交换和交易”的倾向与“思考和言语”的天赋联系在一起，把市场交换看作是某种形式的思想的交流沟通。他在《道德情操论》中天才地预设并论述了市场交换与道德情操的关系，从利己与利他相契合的人性角度，论述经济人与

---

① [英]亚当·斯密：《国富论》(上)，郭大力等译，商务印书馆 2011 年版，第 19 页。

② [英]亚当·斯密：《国富论》(上)，郭大力等译，商务印书馆 2011 年版，第 19 页。

道德人相统一的市场精神伦理原则。可以说，这是一部有关“市场精神”道德版的学术力作。

何谓市场精神？市场是一个充满着商品关系、经济关系、社会关系交换的物质空间，它有着精神内在驱动的原理。市场主体是人，人是能思考的芦苇，精神必将充盈于市场的“原子与虚空”中。所谓市场精神，它是市场主体实践活动遵循并固守的价值观的总抽象，受市场价值规律的制约，更由生产力发展水平、文化特质、民族信仰及社会政治法律制度决定。市场精神深层次关涉市场性质、面貌、发展方向，以及人类的生存境遇。

市场精神主要有五个方面特点：

(1)崇尚市场自由的精神。经济活动的自由就是对个人经济活动权利的确认。亚当·斯密说，市场自由不是人类主观设计的结果，它是人类集体的无意识行为。当然，市场自由既是客观的无意识行为，也包含着主观评价过程。理性化市场自由，应当如康德所说，只有使每个人自由的程度未超出可以与其他一切人的同等自由和谐共存的范围，才能够使所有人都享有自由。因此，市场自由必然是一种法治的自由，它限制每个人的自由，以便保障一切人享有同样的自由权利。市场行为者在价值规律以及法规和伦理道德的约束下，拥有对自己自由选择一切市场活动的权利。

(2)追求平等的精神。在日常经济活动中，如果一种状态既是平等的，而又具有帕累托效率，它就被描述为“经济正义”的。平等是合理协调不同利益群体之间关系的行为准则。它意味着在确保每个市场行为者的人格、人权不受侵犯的前提下，努力戒除一切因性别、国籍、年龄、肤色、认知能力、社会等级以及身份等差异而导致的分配、交易、财产占有、市场准入等方面的不平等待遇。

(3)守护契约精神。市场经济的基础是契约精神。哲学家休谟指出，市场遵循三个原则:财产的稳定占有、经同意的合法转移、遵守契约精神。契约精神是市场秩序的基石。产权让渡都要以契约为根本，重要的不是契约文本的外在形式，而是履行契约的意志和德性。自觉履行契约，意味着预设无所不在的市场“监督者”成为道德自我约束力的重要显现。提倡彼此遵守约定规则的诚信精神，其本质就是契约精神。

(4)遵循经济理性的精神。在一个成熟的市场中,除了公共产品,其他的都要追求利润最大化,没有追求利润最大化的经济理性精神,就难以使企业做到极致、产品做到极致。

(5)倡导企业家的"创造性破坏"精神。这是经济学家熊彼特提出的企业创新与自我革命的辩证哲学理念。这不是资本主义专利,它是现代市场精神特有的秉性。市场的本质就是否定,产权让渡就是斯宾诺莎式的"规定即否定"。否定的终极原因正是来自人类不断追求物品的完美和完善的本能诉求,市场正是通过不断的内在否定,才能促使产品不断更新换代,产业不断转型升级,企业不断凤凰涅槃式获得新生,市场才能充分体现当代性的能级水平。使古代集体无意识的交换市场,过渡到今天充满着高度自觉意识的交换市场。当代人求新求异的需求不断变化,必然铸就市场呈现"太阳下面天天有新物"的发展节律,必然带来"小的就是美的"企业哲学。因此,追求市场内在的否定精神,就是企业家善于自我交战的品格。企业家往往是自己摧毁"自己",把过去的成功,视为未来前进的包袱和障碍,一种新产品成功问世,同时意味着在研发系统内该产品的市场生命的终结。不是跟着市场感觉走,而是要跟着靠企业自主创新不断引领市场新偏好的道路走。

经过了 240 多年的历史检验,仍然需要"斯密模式的问题诊断":人人→商人→利益撕咬的"狼";社会→市场→物欲横行的"原始丛林";存在→资源→资本垄断一切;价值→交换价值→人丧失了精神价值;社会关系→货币关系→ 金钱支配一切。

近代以来,西方工业文明的发展,铸造了特有的市场社会发展模式:在亚当·斯密等经济学家教条文中,该模式被定义为社会即市场,人人皆商人,所有的价值都应当被还原到交换价值观上。这样的一种被称为自由放任的市场经济的发展模式,本质上就是提倡恶的历史驱动,追求资本效益的最大化,它必然带来这个地球上弱肉强食,强者必霸的地球生态。

市场成为"零和"游戏的场所。一个人的利益所得必定是建立在他人利益损失的基础上。而大多数人都成为"零和"自由市场游戏的失败者。如美国诺贝尔经济学奖得主约瑟夫·斯蒂格利茨评价美式自由:"自由化的进程忽视了太多美国公民所面临的困境，他们承诺所有人都将从这些‘改革’中受益，当然也包括金融市场。然而对大多数人而言，这些承诺从未被兑现。”①

“零和”思维有三个基本特征：

(1)恒定性。“零和”意味着恒定，它假定资源是恒定的，不会增加或减少，争夺双方最终的结果应为总资源数量不变，这就意味着，赢得的一方所获得的资源总量和败者失去的资源总量，两者加总为零，以此形成的思维方式，即在资源竞争方面不可能均等，只是两极分化，极端的富有和极端的贫困，这是恒定的结果。

(2)唯一性。唯一是指结局的判定，两者竞争中胜王败寇，胜者是唯一的，他的主体地位与作用是唯一的，因而他所获得的资源的占有、使用和支配的权利是唯一的，不可被他人所剥夺，胜利者的光荣背后往往隐藏着失败者的辛酸和苦涩，这是一个冰冷的结局，弱肉强食，强者必霸，被一些西方理论家、政治家视为天经地义的公正。

(3)不相容性。从零和设计的本身而言，零和排除分享、共享、他享的存在，在它看来，竞争应是双方在平等条件下所付出的斗智斗勇的过程，因而对成果占有的权利是明晰的，这一点是不可违背的公理，至于靠同情与怜悯的成果享用，那是非竞争规则的慈善事业。若从历史观上推理，竞争的开始，多方是主体间性的关系，竞争的结局只能是一主和群客的关系，胜者是主体，其他均是被支配的客体，战胜国对战败国的一切占有和掠夺似乎都是合理的。

从辩证思维来看，“零和”思维有着合理性的方面，事物之间的矛盾对立与排斥体现了辩证法矛盾斗争性原理，这是客观的、必然的，也是合理的。但矛盾彼此斗争的结果并非是一方吃掉一方，还有矛盾双方共存变为新的同一体，它有着更为积极的发展作用，同样，在现代市场经济的竞争时代，更多的是提倡高级形态的彼此矛盾对立和排斥，追求矛盾的斗争性与矛盾的统一性，两者统一更显人类的智慧和文明水准。

经济行为是属人的行为，而非动物式的丛林搏斗，所以一切市场活动除了“零和”思维外，还应当拥有更深意义上的人文关怀，更应符合当代人类“和合”精

---

① [美]约瑟夫·斯蒂格利茨：《美国真相：民众、政府和市场势力的失衡与再平衡》，刘斌、刘一鸣、刘嘉牧译，机械工业出版社 2020 年版，第 22 页。

神。弱肉强食是现代性的极端形式，按此教条，市场不存在可调和性、可谈判性、可沟通性的余地，战争是捍卫此教条的暴力工具，民族分裂、地缘战争、赢家通吃、唯我独尊，规则的制定者最终是规则的破坏者，国际关系的交往中出尔反尔，用独立强权意志不断制造世界的不确定性因素，企图让资本由多国方向流向霸主国家，这一切现象都证明了片面地固守“零和”思维必将导致世界战争和人类的灾难。

二、劳动分工等于社会普遍富裕

“在一个政治修明的社会里，造成普及到最下层人民的那种普遍富裕情况的，是各行各业的产量由于分工而大增。”①

“劳动生产力最大的增进，以及运用劳动时所表现的更大的熟练、技巧和判断力，似乎都是分工的结果。”②

“有了分工，多数劳动者就能完成比过去多得多的工作量，其原因有三：第一，劳动者的技巧因业专而日进；第二，由一种工作转到另一种工作，通常须损失不少时间，有了分工，就可以免除这种损失；第三，许多简化劳动和缩减劳动的机械的发明，使一个人能够做许多人的工作。”③

评析：分工概念是经济理论体系的轴心概念。第一，分工是在氏族公社生产方式瓦解的基础上形成的，它是商品经济起源的关键因素。第二，分工规律全面调节社会生产和流通，而价值规律是分工规律作用的内在机制。

专业化和分工带来生产力的技术提升。马克思在《资本论》中指出，“纽伦堡的一个制针匠要依次完成也许 20 种操作，而在英国，将近 20 个制针匠同时进行工作，每一个人只从事 20 种操作中的一种，后来，这 20 种操作根据经验又进一步划分、孤立，并独立化为各个工人的专门职能。”④“因此，与独立的手工业比

---

① ［英］亚当·斯密：《国富论》（上），郭大力等译，商务印书馆 2011 年版，第 9 页。
② ［英］亚当·斯密：《国富论》（上），郭大力等译，商务印书馆 2011 年版，第 3 页。
③ ［英］亚当·斯密：《国富论》（上），郭大力等译，商务印书馆 2011 年版，第 6 页。
④ 《马克思恩格斯全集》第四十二卷，人民出版社 2016 年版，第 345 页。

较，在较短时间内能生产出较多的东西，或者说，劳动生产力提高了。”①

分工为什么会导致生产力的提升？第一，分工乃是生产各种使用价值的有用劳动的总和，是一个包括了部门和行业在内的多支的社会劳动分工体系。分工有助于提高生产效益，合理配置劳动资源，大大缩短产品制造的工时。第二，分工通过将社会总劳动，分解为具有质的区别的专业化和独立化劳动，有助于加速生产工具的变革，生产者技能的提升。

分工的刚性与以人为本的柔性如何协调？斯密分工理论的核心是：分工是客观的、必然的发展要求。斯密从工厂内部分工和社会分工这两大方面说明了分工理论的重要性。然而，随着国际经济的日益发展，斯密的分工理论面临着越来越多的挑战：劳动分工不等于社会普遍富裕。在历史进程中，生产力与生产关系的矛盾也是最突出的。限于历史发展背景，斯密的分工理论需要新的时代思考。

当代来看，国家的财富首先来自生产力的提高。国家的富有是依靠于生产力的增长，“科技是第一生产力”，科学基础和技术进步是生产力发展的核心。尤其是重大科学研究与技术攻关项目，限于国家安全和民生问题，需要由国家政府来主导、引导和突破。

但是从生产关系角度分析才更深刻更有历史感。马克思十分注重从生产关系的角度来定义分工。把分工区分为生产的劳动关系和所有权关系。消灭分工就是消灭生产关系中的异化，从生产的劳动关系方面来看，就是消灭从劳动过程本身中产生出来的异己性；从生产的所有权关系方面来看，就是消灭生产在其中进行的不合理的社会关系，即消灭生产资料私有制和劳动产品的不合理分配。也应当指出，尽管斯密认可专业化与劳动分工的经济利益，但他也察觉到一些社会成本。劳动分工的一个社会缺点是个人被赋予重复性任务，这些任务很快就变得单调乏味。人类成了依赖于生产过程的机器，因他们所执行的简单、重复、厌烦的任务而失掉人性。但是，斯密毫不怀疑最终通过劳动分工增加了人类福利。（参阅兰德雷斯：《经济思想史》）

---

① 《马克思恩格斯全集》第四十二卷，人民出版社 2016 年版，第 347 页

需要指出的是，专业化生产并非如中世纪的上帝"存在"是尽善尽美的。首先，专业化生产带来的优势是单位时间内某一工作量的提升，那么相对的，是人的某一劳动技能的提高。在现实情况下，专业化生产带来了劳动产量的提升，同时也限制了劳动者整体素质的提高。由于在单一生产线上的重复劳动，劳动者仅仅获得了单一性的劳动技能，而作为整体的人来说，单一的重复劳动意味着其他劳动机能的丧失，甚至意味着劳动者整体的退化或停滞。其次，劳动生产的单一专业化，是有效率极限的。例如，斯密对制针业的观察，如果让劳动工人一个人完成所有的工序，那么一个人在一天时间里都不可能制造出一根针。而经过细致分工之后，每人每天大约可以制造 4 800 根针。在当时的生产条件下，斯密所举的例子，恰恰就是制针业的生产极限。对不同生产部门来讲，都会在一定时期内出现分工劳动的最大生产极限。从学理上分析是如此，但是事实上工厂主或资本家并没有在意这样的生产效率极限，而是通过其他手段压榨劳动工人，例如雇佣童工、强制延长劳动时间等。恩格斯在《英国工人阶级状况》中写道："不多的几小时工作之后，他就把这笔工资的价值再生产出来了。但是，他的劳动合同却规定，工人必须再工作好几个小时，才算完成一个工作日。"[①]在这一特殊时期，由于劳动强度的提高和劳动环境的恶劣导致劳动工人伤亡司空见惯，"霍乱、伤寒、天花以及其他流行病的一再发生，使英国资产者懂得了，如果他想使自己以及自己的家人不致成为这些流行病的牺牲品，就必须立即着手改善自己城市的卫生状况"[②]。最后，专业化分工带来了人的整体的不稳定性。正是因为对劳动工作的单一的适应，导致劳动工人对其他技能的迟钝。在整个经济体稳定运转的背景下，是一派生产效率提高的繁荣景象，一旦遇到经济波动，就会造成大规模失业。专业化生产成为阻碍劳动者塑造自我的障碍。一些特殊行业劳动工人的身体健康遭受了严重危害，甚至造成永久性伤害。

当下的时代发展，我们一直面对着这样的事实：经济波动或技术变革带来的失业。尤其在今天这个智能化的时代，分工的极度专业化反而极易可能成为生存的短板。从这个意义上看，经济哲学这样的交叉学科有着良好的学科优势相

---

① 《马克思恩格斯选集》第一卷，人民出版社 2012 年版，第 67 页。

② 《马克思恩格斯选集》第一卷，人民出版社 2012 年版，第 68 页。

关，愈来愈受到大家关注。人类当下的经济活动，已很难完全摆脱认识的表象、肤浅、主观和任性，容易陷入受挫、惧怕和非理性的窠臼中。而经济哲学有着从经济规律出发的特殊思考，有着创造财富的术与道的辩证认知，有着财富相对论的哲学智慧，有着从实证方法走向人文精神的进步路标。因此，从历史走向未来的经济哲学，对经济学进行哲学追问的经济哲学，也深刻地见证并显现了人类在经济生活领域的文化自觉与自信。

三、劳动价值与货币通约

（一）劳动是商品交换价值的真实尺度

劳动是商品交换价值的真实尺度，但现实买卖取决于名义价格而不是真实价格。“劳动是衡量一切商品交换价值的真实尺度”，[①]但“一个商品的交换价值，多按货币量计算，少按这商品所能换得的劳动量或其他商品量计算”[②]“由于一切买卖行为的适当与否，最终都取决于商品的名义价格或货币价格，而日常生活中几乎所有交易也受其支配，所以，人们大多注意名义价格而不注意真实价格，是毫不足怪的。”[③]

评析：斯密强调劳动是衡量一切商品交换价值的真实尺度，显示了劳动价值论的本质及重要性。“为了把自己的劳动表现在商品中，他必须首先把它表现在使用价值中，表现在能满足某种需要的物中……虽然使用价值或财物的生产是为了资本家，并且是在资本家的监督下进行的，但是这并不改变这种生产的一般性质……劳动过程首先是人和自然之间的过程，是人以自身的活动来中介、调整和控制人和自然之间的物质变换的过程。人自身作为一种自然力与自然物质相对立。”[④]“他使自身的自然中蕴藏着的潜力发挥出来，并且使这种力的活动受他

---

① ［英］亚当·斯密：《国富论》（上），郭大力等译，商务印书馆 2011 年版，第 25 页。

② ［英］亚当·斯密：《国富论》（上），郭大力等译，商务印书馆 2011 年版，第 27 页。

③ ［英］亚当·斯密：《国富论》（上），郭大力等译，商务印书馆 2011 年版，第 32—33 页。

④ 《马克思恩格斯全集》第四十二卷，人民出版社，2016 年版，第 168 页。

自己控制……工人是作为他自己的劳动力的卖者出现在商品市场上……他不仅使自然物发生形式变化，同时他还在自然物中实现自己的目的。"[①]

马克思对早期劳动简单生产的过程做了细致简洁的概括。但是，劳动价值论只在简单商品经济的前提下完全适用。在当代价值论的研究中，更多的要考虑资本的因素和权力的生成。

斯密强调价格不以人的意志为转移，显示了尊重价格规律的重要性。价格面前人人平等，斯密反对市场交换过程的主观性、意志性和任性，并深刻地提出了财产就是权力的思想，"财产对他直接提供的权力，是购买力，是……支配权"[②]。斯密较早地意识到财富与权力、货币与权力转换的市场本质。

（二）货币通约与货币哲学

斯密预见的深刻性在于当代"货币价格"的疯狂任性。一是"货币价格"愈来愈偏离"真实价格"。虚拟经济偏离实体经济，"货币价格"呈现出证券化、金融产品的衍生化和高杠杆率趋势，导致市场的高风险。二是劳动价值论受到挑战。商品价格不取决于商品所能购得的劳动量，而是符号、景观、主观感觉或心理效用。三是智能化时代替代本能时代，智能化工具加速了财富创造的时间与空间的变化，财富越来越成为意识经济学问题。

货币作为通约劳动价值的中介，应该越来越受到重视，尤其要从哲学向度进行反思。经济活动中的货币，主要起着衡量和转移与个别商品相分离的价值的作用。值得注意的是，货币的问题不仅是经济学问题，更是哲学问题，它有着深厚的哲学与历史文化的底蕴。首先，货币对社会各种质料的组合，货币经济对人与人关系中内在维度的改变，锻造出人对世界理解趋向物欲化和价值通约化的心理坐标。货币化生存世界直接影响和关联着人的世界观、人生观和价值观，它使得一种纯粹数量的价值不断压倒品质的价值，从而追求生活意义的平等化、量化和客观化，把人生的消费和积累作为唯一至上的终极追求目标。其次，货币是社会分工和社会交换的产物，它所体现的价值和价值交换，本质上是特定的生产

---

① 《马克思恩格斯全集》第四十二卷，人民出版社，2016 年版，第 168 页

② ［英］亚当·斯密：《国富论》（上），郭大力等译，商务印书馆 2011 年版，第 26 页。

关系或社会关系的交换，货币形式的变迁记载着社会制度形式的变迁。在经济活动中的货币，不仅因为社会而具有重要性，而且也只有通过社会才获得它的价值。它首先是一种社会关系，它作为一群人的共同的行为体系的一部分而存在着。尤其是，在商品经济社会，货币进入了社会的各个细胞，牵动着社会每个成员的生存关系和社会交往关系。尽管货币是整个社会的共同创造物，但是对于每一个单个人来说，它仍然是不依赖任何个人意志为转移的客观现实。最后，货币交换和形态发展的成熟度乃是量度人性及其社会文明发展的重要方面。货币的存在并不是货币自身的单纯定在，就货币属人的本性而言，它既作为人的异己对象，又作为人的活动对象，是属人的存在。货币与人性、人的自由相联系。货币被深深地烙上了人类智力进化的印记，正是人的智力水平使得一些本不具一致性或相似性的对象之间有了对等的关系，货币体现了这种社会的抽象理智。货币反映并升华了人对于他的目的、他的力量施加的对象以及他无能为力的对象的实际关系。

开展货币哲学讨论有着十分重要的理论与实践意义。

其一，当代急剧发展的成熟的货币经济所产生的巨大影响，使得货币已经成为现代经济生活和活动的焦点、关键和要害，对此问题的思考，有助于我们在展开现代性批判的过程中，去关注和解答现代人生命被物化的本质奥秘。在都市化的生存空间里，人们通过包括交换、所有权、个人自由、贪婪、挥霍、生活风格、文化等，能够充分感受到货币给现代人的个性和自由开辟了无限大的活动空间。同时，由于人类“现代性”生存状态至今摆脱不了货币经济的刺激和支配，货币的存在与流动，正在加速改变着现代人生存交往的理念和方式，人们越来越感到，货币在开拓私人财富和私人生存空间的同时，却程度不同地挤压了公共空间和公共权利。尤其货币对现代人性的改变和侵蚀的事实，使我们至今无法消解类似马克思、席美尔、卢卡奇曾对货币、资本所持有的忧患意识。因此，对现代性的批判，理应包含对货币的哲学批判。这种批判有助于我们揭示当代货币经济背后的社会关系本质，去关注当代人生命的形而上学问题。

其二，我国正在由传统的计划经济向市场经济转型，市场经济从某种意义上说就是货币经济。当代中国人需要一种成熟的、健康的、适时的货币社会观、价值观和文化观。除了懂得怎样用钱、怎样理钱、怎样对待钱外，还要深刻地认知货币与人性、货币与自由、货币与人类交往、货币与社会进步的关系；认真解读货币的手段与目的、货币的真实性与虚假性、货币的能动性与杀伤性等矛盾。随着我国市场经济体制的深度推进，在中国人告别了传统的义利观后，一种新的货币观念，正在国人心理中发育。货币经济承载和关联着社会的各个阶层和各种事物，并正在导致整个中国社会价值的量化、世俗化和理性化的变化，对国人的世界观、人生观、价值观将产生重大影响。这种变化绝不是一种简单的经济现象，它已进入了人的精神领域。

其三，展开货币哲学讨论是国内经济哲学研究走向深入的需要。国内经济哲学的研究应当从“什么是经济哲学”的讨论，转入经济哲学重大个案问题的研究。而货币既是一切经济活动的润滑剂，又能反映出经济活动的属人本质，更能揭示出人的生存世界的矛盾及其异化根源等问题，因此，它有着重大个案问题的代表性。应当说，历史上从经济哲学的角度探讨货币问题的思想家比比皆是。如，亚里士多德、休谟、康德、斯密、马克思和席美尔等。国外货币哲学研究最有影响的著作是席美尔的《货币哲学》(1900)，此后的研究主要分两个方面：一是西方经济学货币理论所关涉到的某些哲学问题研究。如凯恩斯的《货币论》、米尔达尔的《货币均衡论》、托马斯·梅耶的《货币、银行与经济》。二是从哲学、社会学、政治学、心理学等领域来研究货币问题。如厄内斯特·曼德尔的《权力与货币——马克思主义的官僚理论》、小劳埃德·B. 托马斯的《货币、银行与经济活动》、安德里斯·R. 普林多的《金融领域中的伦理冲突》、栗本慎一郎的《经济人类学》等。国内有关货币哲学的讨论似乎尚未开始，只是有一些介绍和评价席美尔的《货币哲学》的文章，如刘小枫的《〈金钱·性别·生活感觉〉——纪念席美尔货币哲学问世 100 周年》；还有学者从社会学或文化的角度来思考货币问题，如林继肯的《货币神奇论》(《东北财经大学学报》，2002)；在某些社会科学著作的章节中也有学者谈到了货币哲学的有关内容，如李维森的《经济学如诗》(上海人民出版社，2003)。尽管如此，在我国社会经济快速发展的今天，货币思想、货币理念的发育发展应当与货币的发展相一致，我国货币哲学理论研究匮乏的现状应当改变。

关于货币哲学研究的路径，席美尔为我们提供了值得借鉴的理念：一是从承载货币之存在的实质和意义的条件出发阐释货币；二是从货币对内在世界影响的角度考察货币的历史现象、货币的观念与结构及对个体生命的情感、个体命运的连接，对一般文化的影响；三是从社会生活入手剖析货币的本质，剖析产生货币的需求以及货币所满足的需求；四是综合考察货币对整体的人类生活的影响，以此建构起人类理想的生存图景。总之，哲学对货币的解读，主要有三个视角：一是从社会关系的角度来揭示货币存在的社会本质；二是从社会交往的角度来揭示交往与货币的互动关系，从而认清货币与交往的发展促进经济社会发展的事实；三是从人性和人的自由、平等、公正的角度来揭示货币的人学、伦理学、心理学和美学的重要理念。

当前，货币哲学研究的主要内容有：

(1)西方经济学货币哲学思想与马克思货币哲学思想的比较。西方主流经济学是关于货币的外在运行规律与现象的科学，是经济现象的表层理论。马克思的劳动价值论与剩余价值论，则是深入到货币内部本质的关于货币的深层本体论。马克思的资本论在揭示货币的动力学机制的同时，深入剖析了这个动力学机制内部的深层人学价值。其伟大理论价值与实践价值，正在于深刻地揭示了货币内在力量的人学来源，以及通过货币增值与流通过程表现的人与人之间社会经济关系的生成过程，并在此科学分析的基础上，分析了货币对社会的伦理价值观念的影响。

(2)马克思货币哲学思想中关于货币本质的理论，在当今废除金本位以及电子货币出现之后货币本质的发展，以及由此产生的当代虚拟经济对市场的作用。马克思关于货币本质的理论建立在劳动价值论基础上，具有深刻的人学内涵，是建立在市场交换基础上的人们之间经济关系的价值表达形式。在金本位废除之后，货币本质没有根本性变化，但在表达形式上采取了虚拟的形式，由此导致货币在市场中的流通方式与整个经济体系运行方式的作用发生基础性变化。

(3)马克思货币哲学思想中关于货币运行机制的理论，以及现代货币流通方式的新特点与新机制。《资本论》深刻地揭示了资本主义市场经济下货币流通机制，揭示了以货币为交换媒介的物与物之间的关系所掩盖的深层的人与人之间的关系，由此显现了资本主义生产关系的基本结构与本质特征。随着信用机构、股票市场的发达与电子货币的出现，今天的货币流通方式发生了巨大的变化，但是货币关系的深处仍然是人与人之间、国与国之间的经济关系，并且由此衍生出相应的政治关系与意识形态关系，并对这些关系产生深刻的影响。

(4)马克思货币哲学思想中货币伦理思想。马克思早期著作(如《1844年经济学哲学手稿》等)蕴含着极其丰富的货币伦理思想。在《德意志意识形态》《共产党宣言》、特别是《资本论》中，这些伦理思想得到进一步的深化与发展。中国的社会主义市场经济下货币及其各种变化形态，特别是虚拟经济中的新货币形态，以及信用机构、股票市场的发达与电子货币的出现，对人们的伦理观念产生了新的影响，提出了新的要求。当前货币哲学有必要探讨在社会主义市场经济秩序的建设中，需要建立什么样的新的货币伦理观念，如何建设这些伦理观念，以及如何建立社会信誉体制，等等。

关于货币哲学的研究方法有三：一是文本的学习与解读。从马克思经典原著出发进行双向度的解读，从而更深刻地理解马克思的思想链条和现实意义：一方面，从马克思所处的思想环境和特定的经济社会历史条件，理解和把握马克思在研究方法上对货币进行历史哲学、人学、社会哲学和伦理学深度透视的智慧和精髓；另一方面，从马克思思想内涵的历史时空的超越性，寻找理论的现代性意义和实践上的张力，尤其是结合中国经济建设所面临的一系列新的问题，从中获取指导性的实践启示。二是思想史的梳理与提炼。主要从马克思主义哲学发展的历史，尤其是唯物史观的发展历史，从马克思的政治经济学思想的发展历史，尤其是资本论和剩余价值理论思想的发展历史，来认真梳理和寻找马克思的货币哲学思想的逻辑、方法和论述的体系，充分体现研究方法上的逻辑与历史的统一、史料与观点的统一、事实判断与价值判断的统一，应当说，这方面的工作是十分繁杂和艰巨的。三是理论与实践相结合的方法，展示马克思思想的实践性、科学性、批判性的风格和特点。货币哲学主要从今天中国社会主义市场经济发展的现实出发，紧密联系由货币功能所引起的人的生存状况、精神现象、价值取向以及社会进步等方面的问题展开深入的研究和讨论。依据马克思货币哲学思想来诊断当代经济社会发展的症结，回答经济理论和经济行为中的疑难问题。同时，立足于新的实践，积极吸纳当代人的文明成果，进一步丰富和发展马克思的货币哲学思想。

四、自利原则是商业社会的动力

“我们每天所需的食物和饮料，不是出自屠户、酿酒家或烙面师的恩惠，而是出于他们自利的打算。”①

“由于每个个体都尽可能地努力将其资本用来支持国内产业，并因此努力管理这一产业，使其生产物达到最大价值；每个个体必然辛勤劳动，以使社会年收入尽量增大。的确，他一般既不打算促进公共利益，也不知道自己能在多大程度上促进那种利益。对国内产业的支持之所以胜过对国外产业的支持，仅仅只是因为他为自身的安全着想；之所以通过使产业的生产物达到最大价值的方式来管理产业，仅仅只是因为他为自身的收益着想。”②

由此可提出两个值得讨论的哲学问题：

人的本性是什么？斯密对人类本性做出假定：人类是理性的，是有私心的，很大程度上受经济利己主义的驱使。从个人私利过渡到社会利益，个人对自身利益的追求将促进作为整体的社会利益。承认个人的欲望、情欲以及私利的行为动力的作用，这是科学主义的分析态度。不可否认的是，在早期资本主义社会，相信“欲望驱动世界”比相信“信仰驱动世界”要进步得多。

理性利己是西方主流经济学所遵循的经济人理性行为的人性假设，它以经济个人主义教条为轴心，以人性自利原则为抽象前提，以最大化实现私利目标为宗旨，试图利用此模型来解决稀缺的资源与众多人的利己需要之间的矛盾与冲突。客观地说，此模型区分了经济学与其他学科在认知人的本性——欲望、利益和需要等方面，提供了可加以识别的理论根据，对于经济学从抽象到具体的实证分析有着重要的方法论意义和理论价值。但是，这种近代“定义式思维方式”在当代智能化、信息化的背景下受到了严重的挑战。诺贝尔经济学奖得主，著名

① [英]亚当·斯密：《国富论》(上)，郭大力等译，商务印书馆2011年版，第12页。

② [英]亚当·斯密：《国富论》(下)，郭大力等译，商务印书馆2011年版，第30页。

经济学家贝克尔指出："在过去200年的时间里，探索利己主义经济效应的复杂模型已经大大发展了，这200年内，经济科学已经按照亚当·斯密的思想反复被推敲过了。"[①]这种推敲被科尔内解释为，"只不过是用数理方法对斯密的'看不见的手'作出精确的表述。这只手用最优化的方式协调自私自利的个人利益。……用完美无缺的精确形式表述斯密的学说花了一百多年时间"[②]。显然把复杂的经济系统化整为零，模拟物理学在受控条件下做试验的方法，从抽象的假定出发，利用逻辑推理导出干净利落的结论，这是理性自利的经济学逻辑预设的抽象图示。熊彼特将这种理性利己教条理解为一种主观唯理性的价值观："经济学家不仅习惯于把自己看作评判手段是否合理的法官，而且还习惯于把自己看作评判目的(动机)是否合理的法官，也就是说，凡是在他们看来是'合理的'目的(动机)，他们就一口咬定是合理的，而把所有其他目的斥之为不合理的。"[③]

从经济哲学看来，理性利己教条在解释当代人经济行为问题上出现了难以解脱的困境，20世纪市场经济的非均衡、信息非对称、不确定性因素频发，理性利己教条受到了质疑：例如关于社会经济现象的陈述能否都可以直接还原为个人利己行为的陈述；所有经济行为本质上能否还原为单纯的个人理性计算；在信息非对称的经济世界里，追求私利最大化目标能否如愿以偿。

竞争在何种意义上能够把"私人的罪恶"改变成"公共的利益"？个人秉性中的主观性、贪婪性和任性如何克服？私人利益的最大化与社会责任的担当如何平衡？

当代人的经济思维离不开哲学，我们越发感到，经济学需要历史的分析方法、人文精神的思考，尤其是经济域外的变量因素、制约条件、不同学科的关注，更需要应用哲学的辩证方法来解释经济学的质料因、形式因、目的因和动力因，儒学经济伦理思想的核心价值观——"义利之辨"有着两种思维的优势：一是把"义利"放在辩证思维中来加以思辨，用"义利之辨"作为矛盾的哲学关系来认知市场行为发生学原理，进而从根本上确保理论分析始终在原生态社会矛盾环境

---

① [美]加里·S·贝克尔：《家庭经济分析》，彭松建译，华夏出版社1987年版，第228页。

② [匈]亚诺什·科尔内：《反均衡》，刘吉瑞、邱树芳译，中国社会科学出版社1988年版，第371页。

③ [美]约瑟夫·熊彼特：《经济分析史》第1卷，朱泱等译，商务印书馆1991年版，第177页。

的思维框架中，从形式逻辑的分析判断上升到辩证逻辑的思维追问，也是对现实市场经济人行为发生原理的揭示：市场决策是矛盾的心理抗争过程，而不是单向度利己驱动的简单推演。二是将单纯的经济行为还原为真实的社会系统，让经济学的分析始终放在现实的政治关系、宗教关系、伦理关系和社会关系的考量中，让经济学的分析走向深刻：既确保利益的始基意义和重点论，又同时关注制约利益的种种"义"的因素，以至于使经济学的思考不发生变形，物质与精神、欲望与道德、私向化与社会化、利己与利他、动机与目标等实现辩证统一。

传统的"义利之辨"哲学思想有多种表达，其中最具有现实意义的哲理思想是"义以生利"。"义以生利"可见于《国语・晋语一》"义以生利，利以丰民。"①"义以生利"，有着三层寓意：(1)义利两者不可偏废，不可以只强调一方而否定另一方，二者相辅相成。(2)义利发生冲突时，应当以义导利，义在利先，在公平公正的基础上，做到多予少取、先予后取、只予不取。孟子更是推及极致，认为当义与最基本的生之权利冲突时，应该舍生取义。(3)义与利并不是两个绝对相互背离的极点，而是首尾相通的义利通变过程：利可以向义转换，舍利能换取义的信用。同样，不讲义的人，不仅利受到有限度发展，甚至是无利而归。反之，义也可以通向利的转换，拥有更多的信用、信誉会使得合作方、竞争方给予更多利的发展空间和资源。中国古代著名儒商子贡，他的经营哲学正是体现了义以生利的商道智慧，宽厚待人，诚信以见，必将成就利益共享的更为广阔的财富空间，当今中国在国际合作中正是体现了"义以生利"的哲学，共商、共赢、共享决定了未来合作的美好愿景。

五、看不见的手——"利益自发和谐"的原理

"受着一只看不见的手的引导，去尽力达到一个并非他本意想要达到的目的。并非其本意对社会来说不一定是坏事。他追求自己的利益，往往能使他比在真正出于本意的情况下更有效地促进社会的利益。"②

---

① 徐元诰：《国语集解》，中华书局2002年版，第256页。

② [英]亚当・斯密：《国富论》(下)，郭大力等译，商务印书馆2011年版，第30页。

这个基本命题是：共同利益完全是所组成的成员利益的总和，如果听任不管，每个人将寻求他自身财富的最大化，如果不受阻碍，所有的人将使总财富最大化。

评析："看不见的手"，政府是守夜人，但斯密并不是设定政府无活可干。在《国富论》中斯密提到，国家有"三个重要的业务"：提供国防安全；维护司法公正；建设并维持某些公共事业及某些公共设施。但斯密认为，政府是"有钱人"的保镖。在原始社会里不需要有政府，因为那时几乎不存在什么足以引起穷人嫉妒和使富人感到不安的财产。

"民政组织的建立，实际就是保护富者来抵抗贫者，或者说，保护有产者来抵抗无产者。"①

这使我们想起竞争利益要求的不只是自由放任，斯密称为的政治经济学是有根据的。斯密使用"看不见的手"的比喻，意思是指像统治自然世界一样统治世俗世界的上帝的手，但是斯密即使不是一个无神论者，也几乎肯定是一个自然神论者，斯密在《国富论》中先后提及两至三次，以后不再提。主要继承15世纪苏格兰的"自然秩序"的哲学思想，强调市场的自发性，而不是中央计划或集体调节的结果。

"看不见的手"，政府是守夜人。斯密断定，在没有政府干预的竞争性市场上会出现资源的最佳配置，事实证明，这是虚无主义的幻觉。诺贝尔经济学奖得主斯蒂格利茨承认："美国的人均医疗支出高于世界上任何一个国家，但预期寿命却低于任何一个发达国家，且目前仍在持续下降。大量空荡荡的房屋无人居住，但流浪汉却遍及大街小巷，这已经成了美国社会的一大特征。"②"供给学派以及其所信仰的'完全自由的市场将会促进国家经济增长'这一理念只是一座虚无的空中楼阁。"③为什么？自由追求经济收益，以及人与人之间在新的合约关系中展开进攻性的竞争，如果没有合理合法的市场制度与环境，社会是不可能和

① [英]亚当·斯密：《国富论》(下)，郭大力等译，商务印书馆 2011 年版，第 286 页。

② [美]约瑟夫·斯蒂格利茨：《美国真相：民众、政府和市场势力的失衡与再平衡》，刘斌、刘一鸣、刘嘉牧译，机械工业出版社 2020 年版，第 43 页。

③ [美]约瑟夫·斯蒂格利茨：《美国真相：民众、政府和市场势力的失衡与再平衡》，刘斌、刘一鸣、刘嘉牧译，机械工业出版社 2020 年版，第 44 页。

谐的。

市场经济既能促进和谐,也能破坏和谐。斯密也认为,私有财产制度从根本上说,与社会和谐是相互适应的。这是因为,巨大财富不会产生压迫和剥削,谁也不依靠他人的仁慈过活,因为一个人从任何人那里得到的都是他以等值的东西交换来的。但另一方面,私人利益像促进公共福利一样阻障公共福利;市场机制既能促进和谐,也能破坏和谐。除非它受适当的法律和制度框架制约。

第四节 《道德情操论》经典原理解析

一、人的本性:利己与利他

人的本性既有利己倾向,又有利他倾向(同情心)。"每个人首先和主要关心的是他自己。无论在哪一方面,每个人当然比他人更适宜和更能关心自己。"[①]

"无论人们会认为某人怎样自私,这个人的天赋中总是明显地存在着这样一些本性,这些本性使他关心别人的命运,把别人的幸福看成是自己的事情,虽然他除了看到别人的幸福而感到高兴以外,一无所得。这种本性就是怜悯或同情。"[②]"最大的恶棍,极其严重地违犯社会法律的人,也不会全然丧失同情心。"[③]

如果单把人性的哲学认知归结为个人欲望、自私、任性,那么市场人性将会成为原始丛林中的狼性,疯狂的利己主义行为的搏斗如何又将人性与兽性区别开来呢?斯密对人性哲学的预设是同情心,市场的无情竞争必将导致两极分化,为了使富人有着足够的生存安全,不得不设置人性的怜悯或同情,以施舍和慈善的名义来救济市场由竞争而带来的贫困或弱势群体,显然,这是一种财富的调节形式,一方面,按规则竞争而取胜的为赢家,而输家的利益只能靠赢家的怜悯和

① [英]亚当·斯密:《道德情操论》,蒋自强等译,商务印书馆 2018 年版,第 285 页。
② [英]亚当·斯密:《道德情操论》,蒋自强等译,商务印书馆 2018 年版,第 5 页。
③ [英]亚当·斯密:《道德情操论》,蒋自强等译,商务印书馆 2018 年版,第 5 页。

同情心而发出的施舍和救济。

在他看来，支配人类行为的动机，有自爱、同情心、追求自由的欲望、正义感、劳动习惯和交换倾向等。同情心原理实际上揭示了人的本性中有着关注他人的倾向的事实，但问题的重要性在于，如何从心理活动转变为利他行为，这一点西方经济学经济伦理的原典思想中并没有特别强调，相反，个人的自利行为便是经济学理性经济人逻辑预设的前提。斯密之所以如此强调市场同情心的思想，是因为在自由放任的市场经济的活动中，经济人的高尚感情似乎是一种复合的情操，由两种截然不同的情感组成：一是对某一个体伤感情绪的直接同情；二是对那些从他的行为中得到利益的人们的感激之情的间接同情。

可是这种同情心直接遇到一个根本性的问题，就是别人言行的实际旁观者不可能熟悉那人的动机，只能靠想象力来判定自己的行为，想象不等于事实的完整信息的把握。更为实质的问题是不断生产出市场两极分化的人群，证明了这种自由放任的市场制度本身存在着致命的缺陷。对穷人的怜悯和同情成为他们眼中的美德和神所赐予的义务。但这丝毫不能阻止和减少资本的剥削和贪婪本性，劳动者大众丝毫没有改变他们被剥削的命运和地位。尽管亚当·斯密呼吁用“怜悯和同情”来对抗自由竞争的市场经济里资本的贪婪，但这一切仍然是徒劳的，因为利己主义的土壤里产生不了利他主义精神，拥有如此美德的佼佼者虽应获得赞美，但所表现出的也只能是高高在上的良心发现和自我灵魂救赎，本质上还是利己。

“无论当事人对对象产生的激情是什么，每一个留意的旁观者一想到他的处境，就会在心中产生类似的激情。”[①]“同情与其说是因为看到对方的激情而产生的，不如说是因为看到激发这种激情的境况而产生的。”[②]

评析：《道德情操论》清楚地显示了一个理论模型和形式，设计这个理论模型部分地是想解释像人这样自私自利的生灵是如何成功地压制住他自己感情的。从对人的行为动机的分析来看，《道德情操论》和《国富论》都是从人的利己本性出发的。但《道德情操论》更强调从利己与利他相契合的人性角度，论述经济人

---

① [英]亚当·斯密：《道德情操论》，蒋自强等译，商务印书馆2018年版，第7页。

② [英]亚当·斯密：《道德情操论》，蒋自强等译，商务印书馆2018年版，第9页。

与道德人相统一的原理。他深刻地指出，支配人类行为的动机有自爱、同情心、追求自由的欲望、正义感、劳动习惯和交换倾向等。同情心原理实际上揭示了人的本性中有着利他倾向的事实，但问题的重要性在于，如何从心理活动转变为利他行动。

斯密的“同情心是人之本性”的思想既深刻又科学。斯密既批判了他的导师哈奇森“否认自爱是有道德的本性”的错误观点；也批判了孟德维尔关于人的感情都是邪恶的观点，斯密坚持认为，怜悯或同情心深刻地影响着我们的行为，应当说，斯密早在西方心理学还未问世时就揭示了人的行为心理学原理。经济学家很少关注人的情绪、情感与市场的关系，但此问题涉及市场的人性及行为特性问题。情绪、情感可以协调市场交往和人际关系，提高经济人的工作效率。它对市场行为者的认知动力、价值取向、对象性选择诸方面都有着十分重要的影响。

二、真正的幸福是身体的舒畅和内心的安宁

贪欲物质财富只会招致短命。“物质财富的用处首先是提供肉体所需的各种必需品和便利，但如果我们未察觉到同等地位者对我们的尊重，我们在社会上的名誉和地位在很大程度上取决于我们所拥有的或者人们猜想我们拥有的物质财富，那么我们在这个世界上就活不长久。”①

幸福是：“按照自己的收入来安排生活的人对自己的处境自然是满意的，这种处境，通过连续不断的、虽然是小额的积累，会一天比一天好起来。他可以逐步地放松节约措施和放宽应用之物的简朴程度。他对这种逐步增加的舒适和享受加倍地感到满意。”②

“公正的观众”乃是人们心中达到内心平和和宁静的重要根据。“这个公正的旁观者，既不会因为看到自己观察其行动的人们的当前的劳累而感到筋疲力尽，也不会因为看到他们对当前一些欲望的缠绕不休的呼喊而受到诱惑。”③

① [英]亚当·斯密：《道德情操论》，蒋自强等译，商务印书馆2018年版，第275页。
② [英]亚当·斯密：《道德情操论》，蒋自强等译，商务印书馆2018年版，第279页。
③ [英]亚当·斯密：《道德情操论》，蒋自强等译，商务印书馆2018年版，第279页。

评析：在斯密看来，真正的幸福不会因为物质上的高消费、或购买超过所需的基本需求品而变得更多。心灵宁静所带来的幸福与人们美好的品德密切相关。其要求人们以符合道德的方式行动，对他人展示审慎自律、公正义及仁慈。而这样符合道德的行动又是如何产生心灵的宁静和真正的幸福呢？斯密提出了“理想旁观者”的概念和原理。

斯密十分注重“理想旁观者”的作用，把它看作是感情抑制的重要根源，实际上是注重把推理、原则、良心等作为我们行为的伟大评判者和公断人。它强调了人们的愿望并不仅仅是为了赞扬，而是为了值得赞扬。他者的作用十分重要。

三、论个人的品质——谨慎

谨慎是个人品质中的美德。“谨慎这种美德，在仅仅用来指导关心个人的健康、财富、地位和名声时，虽然被视为最值得尊重，甚至在某种程度上是可爱的和受欢迎的一种品质，但是，它从来不被认为是最令人喜爱或者最高贵的美德。”①

“谨慎的人身上的那种坚持不懈的勤劳和简朴，那种为了将来更遥远但是更为持久的舒适和享受而坚决牺牲眼前的舒适和享受的精神。”②

谨慎就是不把“自己的健康、财产、地位或名誉孤注一掷地押出去”③。谨慎是“因为他的行动小心谨慎，所以他讲话有所保留；从不鲁莽地或不必要地强行发表自己对他事或他人的看法。”④谨慎就是在交朋友时，不是被“杰出才能的轻率赞扬所左右，而是为自己对他们的谦虚、谨慎和高尚行为的审慎的尊重所支配”⑤。

维持谨慎需要“自我控制”。“在所有这些场合，谨慎都同许多更伟大和更显

---

① [英]亚当·斯密：《道德情操论》，蒋自强等译，商务印书馆 2018 年版，第 280 页。
② [英]亚当·斯密：《道德情操论》，蒋自强等译，商务印书馆 2018 年版，第 279 页。
③ [英]亚当·斯密：《道德情操论》，蒋自强等译，商务印书馆 2018 年版，第 276 页。
④ [英]亚当·斯密：《道德情操论》，蒋自强等译，商务印书馆 2018 年版，第 277 页。
⑤ [英]亚当·斯密：《道德情操论》，蒋自强等译，商务印书馆 2018 年版，第 278 页。

著的美德，同英勇，同广泛而又热心的善行，同对于正义准则的神圣尊重结合在一起，而所有这些都是由恰如其分的自我控制所维持的。”①

自我控制，“这种较高级的谨慎……。它必然意味着所有理智和美德的尽善尽美。这是最聪明的头脑同最美好的心灵合二为一。这是最高的智慧和最好的美德两者之间的结合”②。

四、正义“是支撑整个大厦的主要柱石”

“还有一种美德，对它的尊奉并不取决于我们自己的意愿，它可以用压力强迫人们遵守，谁违背它就会招致愤恨，从而受到惩罚。这种美德就是正义，违背它就是伤害；这种行为出于一些必然无人赞同的动机，它确确实实地伤害到一些特定的人。”③

斯密指出，社会秩序的最终前提是积极的法律制度，包括流行的正义规则概念，以及某些行政制度的管理。“由于人们永远不会彼此向违反正义的行为屈服，公共行政官员就有必要借助国家的力量来强制实行这种美德。没有这种预防措施，文明社会将成为流血和混乱的舞台。人们一旦认为受到伤害，他们就会用自己的双手为自己报仇。”④

（一）“经济正义”与资本逻辑

如果一种状态既是平等的，而又具有帕累托效率，那它就被描述为“经济正义”。哲学家休谟一语破的地告诫我们，正义这一德性完全从其对人类的交往和社会状态的必须用途而派生出其实存，这乃是一个真理。在经济全球化的背景下，人类的生存秉性与经济交往行为已发生深刻变化，更需要呼唤一种新的经济正义精神。事实上，正义范畴不是空洞虚幻的指认，它受特定的制度

① [英]亚当·斯密：《道德情操论》，蒋自强等译，商务印书馆2018年版，第281页

② [英]亚当·斯密：《道德情操论》，蒋自强等译，商务印书馆2018年版，第281页。

③ [英]亚当·斯密：《道德情操论》，蒋自强等译，商务印书馆2018年版，第100页。

④ [英]亚当·斯密：《道德情操论》，蒋自强等译，商务印书馆2018年版，第454页。

环境和文化价值观制约，其语义系统由历史背景和相关事件主体所定义。以资本逻辑为轴心的市场经济直接或间接地决定了经济正义的话语权。经济正义的本质必然关涉资本逻辑的“理性狡计”。它在两个方面干扰着经济正义的实现：一是深层次的追求利益私向化的秉性；二是弱肉强食、强者必霸的权力扩张性。

（二）“经济正义”与平均主义

“经济正义本质上是现代性问题，脱离了市场经济与资本逻辑来谈论经济正义是空洞而无意义的。”[①]经济正义不是意识形态上的平均主义，在一些特殊历史时期，平均主义一直扮演着正义的角色，但是，平均主义并没有很好的矫枉过正，没有对社会贫富分化和经济持续发展问题做出很好的调节。经济正义在平均主义的要挟下扭曲为财富的平均分配，私有财产的普遍化。这就直接导致社会整体的惰性剧增，平均分配的后果就是劳动投入多少和劳动结果无关，因此这样极易损害劳动者的整体积极性。

经济正义的重要前提之一是产权保护。除了西方经济学家所认可的私有财产的保护，在当代中国，更重要的是知识产权的保护。产权保护直接体现了经济正义。通过分配调节来保证经济正义是重要的方式，但是从当下经济发展来看，除了积极的经济正义，还需要如保护产权的正义制度方式。休谟认为：“关于稳定财物占有的规则的确立对人类社会不但是有用的，而且甚至是绝对必需的。”[②]在斯密和休谟时代，正是市民社会发育的时期，他们给予了产权保护极高的地位。

追求经济正义还要关注的问题是对效率和公平的辩证关系把握。在我们社会主义国家，追求效率和公平均衡的前提是“以人民为中心”。既要让效率引领经济发展，又不能一只脚走路，还要把握好公平的尺度，这就是经济正义的尺度。没有效率，经济发展就是一句空话，没有公平正义，市场就会走到另一个极端去。把握好经济正义的尺度，关键就在经济发展为了谁的问题上。资本主义社会的

---

① 张雄：《改变中国人的十四个观念》，上海财经大学出版社 2018 年版，第 119 页。

② [英]休谟：《人性论》（下），关文运译，商务印书馆 1997 年版，第 542 页。

发展是满足少数人，市场竞争也是少数人的市场，西方社会私有财产的保护就是资本主义社会的理论架构。但是在我们国家，市场经济的发展根本是为了人民的利益，是为了大多数人的幸福而发展的。国家富强，才能保证人民利益不受经济波动出现大起大落，才能应对“灰犀牛”和“黑天鹅”的出现。

第三章　经济人与异化人——马克思的《1844年经济学哲学手稿》选读

第一节　马克思的生平与《1844年经济学哲学手稿》的写作背景

一、马克思其人

马克思：1818年生于普鲁士莱茵省的特利尔城，长子。父亲是一个相当富有的律师，深受启蒙运动的影响，是一个自由主义者和爱国者。1830年进入特利尔中学，1835年毕业。1836年进入波恩大学，成为一名法学院的学生。1837年转入柏林的大学，转向黑格尔哲学、与青年黑格尔派开始交往。1841年夏天，马克思到了波恩，希望通过鲍威尔的关系在波恩获得教职，未能如愿，遂转向新闻业。然而，马克思的编辑生涯始终是不顺利的，由于政治原因，屡屡遭到驱逐。

（一）1837—1844年：青年时期

传记：1842年接任《莱茵报》主编。1843年3月，报纸被查封，写信给卢格商议办一份杂志《德法年鉴》。6月，在订婚七年之后，与燕妮结婚。10月前往巴黎，就任《德法年鉴》的编辑之职。这一时期，马克思开始关注斯密和李嘉图的政治经济学，并计划写一系列专论，讨论法学、伦理学、政治学等，这一计划最后体现为《1844 年经济学哲学手稿》。1844 年 9 月，恩格斯来到巴黎，与马克思经过 14 天的长谈，相谈甚欢，这成为马、恩一生友谊的开端。

主要著作：《博士论文》《黑格尔法哲学批判》《论犹太人问题》《〈黑格尔法哲学批判〉导言》《1844 年经济学哲学手稿》。

（二）1845—1857 年：历史唯物主义的创立与运用

传记：1845 年 1 月，马克思受到法国政府驱逐，2 月份离开巴黎前往布鲁塞尔。1845 年的最后三个月里，马克思和恩格斯合写了《德意志意识形态》。1846 年，马恩建立共产主义通讯委员会。1847 年 11 月，马克思设法与恩格斯一起参加了共产主义者同盟第二届年会。1848 年，马克思遭到比利时政府的驱逐，前往巴黎。1848 年 9 月，马克思在朋友的捐款资助下前往伦敦。在伦敦，马克思一家长期处于饥饿的边缘，第四个孩子、第五个孩子先后夭折。1851 年开始，马克思每周为《纽约每日论坛报》写稿，这成为几乎唯一固定的经济来源。1852 年女儿弗兰西斯卡死去了。1855 年，马克思八岁的儿子埃德加死去，他遭遇了一生最沉重的打击。直到 1856 年，由于继承了燕妮母亲的财产，经济状况才得以改善。

主要著作：《关于费尔巴哈的提纲》《德意志意识形态》《哲学的贫困》《共产党宣言》《法兰西阶级斗争》《路易.波拿巴的雾月十八日》。

（三）1857—1867 年：创作《资本论》及其手稿

传记：1857 年的经济危机使马克思重新焕发对经济学的热情，同时，马克思已经做好巨大的准备工作，这使他能够开始对收集的材料进行系统的整理和概括。1857—1858 年、1861—1863 年、1863—1865 年，马克思先后写成了《资本论》的三大手稿。其中，1859 年，已有的研究成果以《政治经济学批判》为题出版。1867 年，《资本论》第一卷出版。《资本论》的后两卷是马克思逝世后，由恩格斯整理付印和出版的。第二卷于 1885 年出版，第三卷于 1894 年出版。

主要著作：《经济学手稿(1857—1858年)》《政治经济学批判》《剩余价值理论》《工资、价格和利润》《直接生产过程的结果》《资本论》第一卷。

(四)1864—1883年：介入政治

传记：马克思生命中最后15年的作品主要是政治方面的，原因在于马克思对国际协会的参与以及社会主义政党的成长。1864年，马克思参与第一次共产国际的会议，此次会议决定成立国际工人协会，协会的章程和成立宣言就是由马克思撰写的。随后的日子里，国际协会占去了马克思大量的时间。1872年，由于与巴枯宁及其追随者的争论日益激烈，马克思被迫将国际协会所在地迁往纽约，从而结束了国际协会的活动。19世纪70年代，马克思一边为《资本论》第二版及其法文译本忙碌，一边起草对德国社会主义者共同纲领的详细批判。1881年，燕妮去世，马克思受到很大打击，1883年，马克思与世长辞。

主要著作：《国际工人协会成立宣言和章程》(两篇关于普法战争的宣言)、《法兰西内战》《巴枯宁〈国家制度和无政府状态〉一书摘要》《哥达纲领批判》《给德国社会民主党的通知》。

(五)后世评价

哲学大师海德格尔："因为马克思在体验异化时深入到历史的本质性维度中去了，因此，马克思主义的历史观优越于其他的历史学。但因为胡塞尔没有，据我看来萨特迄今也没有在存在中认识到历史事物的本质性，所以无论是现象学还是存在主义都没有达到可能与马克思主义进行建设性谈话的这一维度。"

经济学大师熊彼特："绝大部分人类智慧或想象的作品，经过一定的时间之后就永远过时了。这一时间，短的仅如茶余饭后的片刻，长的也不过二三十年。但有些作品却不是这样。它们有时会黯然失色，但是它们会以各自的形式，带着人们能以目睹手触的各自的痕迹，作为文化遗产中可以辨识的成分而恢复其光辉。这些作品我们可以恰当地称之为伟大的作品——这一定义把伟大和生命力联系在一起并无不利之处。按照这种意义说，'伟大'一词毫无疑问是适用于马克思的启示的。"

历史学大师霍布斯鲍姆："如果说有一位思想家在20世纪留下了不可磨灭的痕迹，那么他就是马克思。19世纪的卡尔·马克思和赫伯特·斯宾塞都葬在海格特墓地。走进海格特墓地，令人非常惊讶的是两人的坟墓都在彼此的视线内。在两人都在世的时候，斯宾塞是公认的19世纪的亚里士多德，而马克思则是一位依靠朋友资助而生活在汉普斯德低坡的穷人。今天，无人知道斯宾塞也葬在那里，但是来自日本和印度的年老朝圣者络绎不绝地瞻仰马克思的坟墓，流亡的伊朗和伊拉克共产党人坚持葬在他的坟墓旁边。"

(六)马克思思想的当代意义

如果说，在20世纪的最后15年中，社会主义国家的发展遭遇到了某种困境或挫折，那么，资本主义世界同样遭遇了严峻的挑战。某种意义上，21世纪是由"9·11"恐怖事件拉开序幕的，2008年以来由美国次贷危机引发的全球金融危机，不但粉碎了福山心目中关于资本主义发展的理想图景，也重新唤起了人们对《资本论》的缅怀。发人深省的是，作为资本主义社会病理的出色的诊断书，《资本论》在问世150年后又重新获得了它的殊荣。马克思是我们的同时代人。他对资本主义的富有远见的诊断结果还远远没有被资本主义的最新发展所超越。譬如说，马克思对资本主义经济发展不可阻挡的全球动力和摧毁挡在它面前的一切的能力的分析，以及他对资本主义通过制造内部矛盾实现增长的机制的分析。

二、《1844年经济学哲学手稿》的写作背景

《1844年经济学哲学手稿》是马克思流寓巴黎时于1844年5月至8月写成的。1932年首次发表，发表后立即引起了西方理论界的极大兴趣，并对西方马克思主义的形成和发展产生了实质性的影响。尽管卢卡奇一度并不这样认为，但西方马克思主义者大都认为，《1844年经济学哲学手稿》与卢卡奇作为西方马克思主义开山作的《历史与阶级意识》的主题是高度一致的，即都是哲学人类学的主题。

国家理论是历史唯物主义的重要组成部分，尽管在马克思转向政治经济学批判之后，国家批判的主题似乎开始隐退，但却始终是“在场”的。马克思以批判黑格尔的国家理论为中介展开对现代国家的批判，他的基本理论立场是，应当从市民社会来解释国家，而不是像黑格尔那样用国家来解释市民社会。对黑格尔而言，“国家是组织无形式的内容的形式，没有了国家，内容就会再度陷于混乱”①，因此，国家是高于社会生活之上的超越的合理性。对马克思而言，国家作为异化的单纯形式必然具有外在的强制性，并且本质上是否定人的自由的。因此，只有当一个真正合理的社会组织产生，自由才能真正实现，而国家将会消亡。国家的消亡与市民社会的消亡必然是同一的，因为国家之所以作为抽象的形式，恰恰是因为市民社会作为形式之排除——抽象的内容，换言之，国家与市民社会处于一种彼此依存却又相互规定的抽象对立中。因此，严格说来，马克思的国家批判应该被看作是一种社会政治批判，这一批判指向的不仅是超越国家同时也是超越市民社会。历史地看，抽象国家与抽象市民社会有着共同的前提即政治解放，政治解放使得国家与市民社会相互分离，从而使得各自的抽象性得以完成。同样，它们也将在革命实践的运动中，共同走向自己的消亡。并且，随着国家与市民社会的消亡，旧的哲学也将消亡，因为，前者恰恰构成后者赖以存在的基础。由此，无论是激进民主还是人类解放、共产主义，说到底都具有揭示现代世界——现代国家与市民社会——之限度的意义。

（一）《莱茵报》时期的物质利益困惑

马克思在《〈政治经济学批判〉序言》中谈及《莱茵报》时期的思想历程时曾说道：“1842—1843年间，我作为《莱茵报》的编辑，第一次遇到要对所谓物质利益发表意见的难事。”②这就是著名的物质利益难题。马克思对物质利益问题的关注常被人们与他后来的唯物史观强调经济基础、物质生产联系起来，似乎早在《莱茵报》时期他即已经有了某种唯物史观的倾向。但是，如果像这样仅仅从字面将其与经济问题联系起来的话，我们就很难理解，为什么马克思在退回书房后

① ［法］亨利·列斐伏尔：《马克思的社会学》，谢永康、毛林林译，北京师范大学出版社，2013年版。

② 《马克思恩格斯选集》第2卷，人民出版社，1995年版，第31页。

首先展开的是对黑格尔法哲学的批判，他似乎更应该借助经济学对作为经济问题的物质利益做一研究，并展开一种政治经济学批判。另外，马克思有关“对物质利益问题发表意见”是“难事”的说法也是令人费解的，因为，马克思在分析莱茵省议会关于林木盗窃法的辩论时，恰恰深入思考了利益的问题。马克思不仅指明了利益具有空虚的灵魂因而是狭隘的，而且还谈到了利益的诡辩性质，以及它在进行诡辩时的惯常手法：良好动机与有害后果。既然如此，一个亟待我们回答的问题就是：物质利益对马克思而言在何种意义上构成了难事？

事实上，这是因为，物质利益在其现实性上总是披着法权关系的“外衣”，就这里特定的语境而言，其所涉及的首先是林木占有者的财产权。正是林木占有者要求将自己的利益上升为权利。但是权利的根据在于法律，因此，物质利益困惑背后的真正困惑是法的困惑。卢梭在《爱弥儿》中说道：“所有一切国家的法律的普遍精神，都是袒护强者，欺凌弱者；袒护富人，欺凌穷人。这个缺点是不可避免的，而且是没有例外的。”[①]马克思在第六届莱茵省议会辩论中看到的，不正是法律站在了林木占有者的利益一方，而将捡拾枯木的穷人的利益贬低为盗窃吗？如果进一步深究，则可看到私法本身涉及立法权的问题，而立法权背后又是整个国家制度。马克思在展开《黑格尔法哲学批判》之时，为什么仅仅抓住“国内法”部分，从这里也可以立即得到说明。需要指出的是，立法权本身是具有二重性的。一方面，立法权是组织普遍东西的权力，是规定国家制度的权力；另一方面，立法权又以国家制度为前提，是按照国家制度确立起来的权力。由于这种二重性，立法权既决定国家制度（国家形式）本身又决定现实的、经验的法的关系。而现实的、经验的法的关系又可以通过国家形式本身来说明。因此，全部问题的焦点即是作为国家制度总体的立法权，对立法权的批判必然表现为对国家制度的批判。

既然物质利益问题所牵引出来的法的困惑，同时又是有关国家形式的困惑，那么，马克思的如下说法也就是可以理解的了：“为了解决使我苦恼的疑问，我写的第一部著作是对黑格尔法哲学的批判性分析……我的研究得出这样一个

---

① [法]卢梭：《爱弥儿》上卷，李平沤译，商务印书馆 2009 年版，第 328 页。

结果：法的关系正像国家的形式一样，既不能从它们本身来理解，也不能从所谓人类一般精神的发展来理解，相反，它们根源于物质的生活关系，这种物质关系的总和，黑格尔按照18世纪的英国人和法国人的先例，概括为'市民社会'，而对市民社会的解剖应该到政治经济学中去寻求。"[①]第一种理解方式即所谓从"它们本身来理解"是法学家所走的道路，在法学家看来，法律是国家意志的体现，马克思指出这是一种错觉，其根源在于："一切共同的规章都是以国家为中介的，都获得了政治形式。由此便产生了错觉，好像法律是以意志为基础的。"[②]第二种理解方式即"从人类一般精神的发展来理解"是黑格尔所走的道路，在黑格尔那里，无论是抽象法还是市民社会的法抑或是国家法都被看作是精神发展的特定阶段。马克思要走的道路不同于前两种道路，这一道路将从市民社会的物质生活关系出发来达到对于法的理解。我们以私有财产或财产权为例，来说明这三种不同理解方式的后果。对于第一种理解方式而言，私有财产是一种实定法意义上的法权关系，这种法权关系的基础是意志。作为这样一种理解方式的延伸，私有财产也被理解为基本的人权之一，马克思在《论犹太人问题》讨论过的人权宣言中正是将人权规定为：平等、自由、安全、私有财产。对于第二种理解方式而言，私有财产是自由的定在，所谓"人为了作为理念而存在，必须给他的自由以外部的定在"[③]，这里的自由本身是特定阶段的自由也即特定阶段的精神。而对于马克思的理解方式而言，我们可以看到，他在《1844年经济学哲学手稿》中以异化劳动来解释私有财产的做法正表明了，他的私有财产概念是在物质生活关系意义上的。因为从异化劳动来把握私有财产，也就是在从物质生活领域来把握私有财产。

总而言之，正是物质利益的困惑引发了马克思对黑格尔法哲学尤其是国家哲学的批判。这样一种批判应当被理解为社会政治批判。由于政治国家与市民社会陷于形式与内容的抽象对立中，所以，对政治国家的批判与对市民社会的批判必然是同一的。阿维纳瑞认为，在现代世界："市民社会彻底地从政治局限中

---

① 《马克思恩格斯选集》第2卷，北京：人民出版社1995年版，第31页。

② 《马克思恩格斯选集》第1卷，北京：人民出版社1995年版，第132页。

③ [德]黑格尔：《法哲学原理》，范扬、张企泰译，北京：商务印书馆2010年版，第50页。

解放出来；私人生活，包括经济活动，变得完全独立于任何与共同体相关的考虑。所有关于财产和经济活动的政治限制都被废除”。[①] 换言之，市民社会由此完成了自己的抽象性，而国家也由此成为抽象的。按照马克思在《1844 年经济学哲学手稿》序言中曾经提到的写作计划，我们可以发现，他曾试图在“黑格尔法哲学批判”这样一个题目下，处理诸如法、国家、道德、市民社会等十分丰富的主题。虽然因为“增加理解的困难”“会造成任意制造体系的外观”等外在的原因，马克思放弃了这一计划。但这一计划本身却透露出，对马克思而言，这种种主题是具有内在统一性的。这也正是本文的基本立场。通过对黑格尔的批判，有关法与利益关系的现实困惑获得了解决，并且，这种解决同时是对于从黑格尔那里接受下来的国家与市民社会分离问题的回应。

（二）《黑格尔法哲学批判》：政治经济学批判的呼唤

既然物质利益问题所牵引出来的法的困惑，同时又是有关国家形式的困惑，那么，马克思的如下说法也就是可以理解的了：“为了解决使我苦恼的疑问，我写的第一部著作是对黑格尔法哲学的批判性分析……我的研究得出这样一个结果：法的关系正像国家的形式一样，既不能从它们本身来理解，也不能从所谓人类一般精神的发展来理解，相反，它们根源于物质的生活关系，这种物质关系的总和，黑格尔按照 18 世纪的英国人和法国人的先例，概括为‘市民社会’，而对市民社会的解剖应该到政治经济学中去寻求。”[②]第一种理解方式即所谓从“它们本身来理解”是法学家所走的道路，在法学家看来，法律是国家意志的体现，马克思指出这是一种错觉，其根源在于：“一切共同的规章都是以国家为中介的，都获得了政治形式。由此便产生了错觉，好像法律是以意志为基础的。”[③]第二种理解方式即“从人类一般精神的发展来理解”是黑格尔所走的道路，在黑格尔那里，无论是抽象法还是市民社会的法抑或是国家法都被看作是精神发展的特定阶段。马克思要走的道路不同于前两种道路，这一道路将从市民社会的物质生活

① [以]阿维纳瑞：《马克思的社会政治哲学》，张东辉译，知识产权出版社 2016 年版，第 22 页。
② 《马克思恩格斯选集》第 2 卷，人民出版社 1995 年版，第 31 页。
③ 《马克思恩格斯选集》第 1 卷，人民出版社 1995 年版，第 132 页。

关系出发来达到对于法的理解。我们以私有财产或财产权为例，来说明这三种不同理解方式的后果。对于第一种理解方式而言，私有财产是一种实定法意义上的法权关系，这种法权关系的基础是意志。作为这样一种理解方式的延伸，私有财产也被理解为基本的人权之一，马克思在《论犹太人问题》讨论过的人权宣言中正是将人权规定为：平等、自由、安全、私有财产。对于第二种理解方式而言，私有财产是自由的定在，所谓："人为了作为理念而存在，必须给他的自由以外部的定在"①，这里的自由本身是特定阶段的自由也即特定阶段的精神。而对于马克思的理解方式而言，我们可以看到，他在《1844年经济学哲学手稿》中以异化劳动来解释私有财产的做法正表明了，他的私有财产概念是在物质生活关系意义上的。因为，从异化劳动来把握私有财产，也就是在从物质生活领域来把握私有财产。

马克思在《〈黑格尔法哲学批判〉导言》中曾经表明他的批判"首先不是联系原本，而是联系副本即联系德国的国家哲学和法哲学来进行的"。这样做的原因在于，德国的现实本身低于批判的水平，批判如果以此为对象至多只是处理了"德国式的现代问题"。相反，马克思指出："当我们不去批判我们现实历史的未完成的著作，而来批判我们观念历史的遗著——哲学的时候，我们的批判恰恰触到了当代所谓的问题之所在的那些问题的中心。"②换言之，通过批判黑格尔的法哲学及国家哲学，反倒能找到一条直面现代世界基本问题的路径。这里，立即显示出马克思社会政治批判的基本性质，即它要处理现代世界的普遍问题，要实现对现代世界本身的批判。那么，对马克思而言，现代世界意味着什么？如果我们结合他在《论犹太人问题》中的论述，就可以发现，所谓现代世界，恰恰是指那种已经经历政治解放，即一方面国家（国家制度）摆脱了宗教、私有财产等市民社会要素，另一方面市民社会本身因为同业公会、行会等被打破而失去了政治性质，因而国家（国家制度）与市民社会的相互分离已经完成的现代国家（总体国家）。

紧接着这段话之后，马克思又对这里所谓的现代世界基本问题做了提示：

---

① ［德］黑格尔：《法哲学原理》，范扬、张企泰译，商务印书馆2010年版，第50页。

② 《马克思恩格斯全集》第3卷，人民出版社2010年版，第205页。

“在先进国家，是同现代国家制度的实际分裂。”这里所谓的“同现代国家制度的实际分裂”，即是指国家与市民社会的分离。这也是黑格尔的国家哲学试图解决的问题。实际上，正是因为不满于黑格尔提供的解决方式，才牵引出马克思一系列的理论建构。围绕着这一基本问题，马克思的批判首先指出，黑格尔对此问题的解决是虚假的解决，其所建构的同一本身包含着自我分裂。其次，马克思也分析了这一分离由于自身的性质，从根本上说是无法通过中介环节得到真正解决的。最后，马克思指出：由于政治国家本身植根于市民社会并以后者为自己的本质，市民社会彼此对立的特殊利益必然重新映现在国家生活中，从而国家生活所体现的普遍性只是形式的普遍性、非现实的普遍性。所谓形式的普遍性恰恰表明它无法穿透特殊性，而仅只外在于特殊性或者说与特殊性相分离。由此可见，普遍与特殊的分离、形式与内容的分离的根据在于市民社会的“一元”性。

马克思指出，黑格尔是要用等级要素的二重化来沟通市民社会与政治国家的：“政治上的等级要素本身二重化对王权起中介作用。这种二重化的最直接的意义一般在于：这一要素本身的分离，它本身包含的对立，是它与王权的重建的统一。”①这里，黑格尔正是将地主等级视作是用来沟通市民社会与政治国家的中项。而地主等级之所以具有能够承担这样的职能，恰恰是因为它本身既身处市民社会之中，同时又天然地适合从事政治活动。阿维纳瑞指出：“因此，在一种完全不同于中世纪国家与市民社会的统一的情形中寻求各个阶层的调解是过时的做法。19 世纪的疾病不能用 15 世纪的处方加以解决。”②换言之，黑格尔试图通过恢复中世纪的等级制并将其视作是中项的做法，完全是时代错乱，注定只能导致理论的虚构。

地主等级作为市民等级与官僚等级的中介阶层，也具有十分重要的缓冲和调节作用。大革命之后的法国之所以经常来回摇摆于君主专制与人民专制之间，恰恰是法国内部的贵族力量十分微弱，无法有效地承担起抵御专制的使命。历史已经向我们证明地主（贵族）等级在捍卫自由方面的重要价值，当贵族等级开始衰落之时，自由也随之开始衰落。正如斯塔尔夫人所言：在法国，自由是古

---

① 《马克思恩格斯全集》第 3 卷，人民出版社 2010 年版，第 120 页。

② ［以］阿维纳瑞：《马克思的社会政治思想》，张东辉译，知识产权出版社 2016 年版，第 23 页。

典的，专制才是现代的。法国1830年宪章从立法权出发重新建构了贵族院，这表明法国人终于认识到贵族等级的重要意义，但是对他们而言，贵族院也仅只具有形式的意义，只是政治装饰品。与此同时，英国人也在向法国人学习，尝试着完成法国人在18世纪即已完成的事业："在这里我们发现，在19世纪，英国与大陆的自由主义存在着奇特的相互影响。每一方都试图在国内重演对方在前一世纪出现的阶段。英国自由主义倾向于效法大陆在理性主义与民主方面的态度，而后者却从前者的传统形式与特权方面汲取灵感。其最终结果，将是在相互融合当中产生出真正的欧洲自由主义。"①

以上我们谈到了马克思社会政治批判本质上是对现代世界的批判，这只是其基本性质的一个面向。另外一个十分重要的面向在于，这种批判同时是关于行动、关于革命的理论。这也是马克思区别于"理论政治派"与"实践政治派"的地方所在。前者如青年黑格尔派虽然批判德国的现状，却对自身的前提即黑格尔哲学持一种无批判的态度，因此，它的缺陷在于："它以为，不消灭哲学，就能够使哲学成为现实。"②相反，后者虽然对哲学持一种否定的态度，但却仅仅停留于要求本身，而不要求现实的否定哲学，因此，它的缺陷在于，以为不使哲学成为现实，就能够消灭哲学。总而言之，二者的共同问题在于将哲学与现实割裂开来，没有意识到哲学本身即是现实的一部分。对马克思而言，消灭旧的哲学与消灭旧的现实是同一个过程相互依存的两个方面。换言之，只有当旧哲学被消灭，旧的现实才有可能被消灭，反过来，只有旧的现实被消灭，旧的哲学才能被真正消灭。也正因为如此，马克思的社会政治批判既要求理论层面的批判，又要求实践层面的批判。最后，既然不消灭哲学，就不能使哲学变成现实，那么，马克思的社会政治批判必然蕴含着对于意识形态进行批判的要求，或者说，社会政治批判本身即是意识形态批判。我们看到，马克思为了解决国家与市民社会分离的基本问题，进行了一系列的理论建构，从激进民主到人类解放再到共产主义，这三者毫无疑问是有共同指向的。"可以明确表明的是，马克思称之为'民主制'的东西

① [意]奎多.德.拉吉罗：《欧洲自由主义史》，杨军译，吉林人民出版社2010年版，第10页。
② 《马克思恩格斯全集》第3卷，人民出版社，2010年版，第206页。

在根本上与他后来称作‘人的共产主义存在者’的东西并无不同。”①

(三)《德法年鉴》:共产主义的初步确立

激进民主或者说真正的民主是在批判黑格尔的君主制原则时提出的,马克思以此为基础不仅批判了君主制,同时也批判了政治共和制。在马克思看来,“君主制与共和制之间的争论始终是抽象的国家范围内的争论。政治的共和制是抽象国家形式范围内的民主制。”与此相反,激进民主的概念则是直接针对抽象国家范围而言的,它首先意味着超越或废除抽象国家。但同时,它也意味着废除私人领域或市民社会,因为,“它们(各个特殊领域——引者注)的私人本质将随着国家制度或政治国家的彼岸本质的消除而消除。”②由此可见,即使是与政治批判直接相关的激进民主,仍然包含着对于市民社会的扬弃。我们强调政治批判与市民社会批判的统一,强调社会政治批判的提法,在这里立即显示出它的必要性与意义。以上是马克思从否定方面对于激进民主的说明。除此之外,马克思也从肯定的方面解释了激进民主的内涵,他指出:“在民主制中,任何一个环节都不具有与它本身的意义不同的意义。每一个环节都是整体人民的环节……民主制也是一样,它是一切国家制度的本质,作为特殊国家制度的社会化的人……在民主制中,不是人作为法律而存在,而是法律为人而存在。”③透过以上种种表述,我们发现,马克思所谓民主制其核心内涵即是将人视作是原则,这与黑格尔以国家为原则正好相反。以人为原则,则无论是普遍的内容(政治国家),还是特殊的内容(市民社会),都只不过是人的特殊存在方式、社会化的人。由此,人不仅扬弃了在政治国家范围内的异化,也扬弃了在市民社会范围内的异化。这里,社会的概念尤其值得注意,它表明,马克思试图在社会的更高的基地上建构普遍与特殊、形式与内容、主观与客观的真正统一。

马克思与黑格尔的争论绝不仅仅是政治立场的争论,相反,争论涉及的是对同一个基本问题的不同解决方式。通过批判黑格尔对于国家与市民社会分离问

① [以]阿维纳瑞:《马克思的社会政治思想》,张东辉译,知识产权出版社 2016 年版,第 37 页。
② 《马克思恩格斯全集》第 3 卷,人民出版社 2010 年版,第 41 页、42 页。
③ 《马克思恩格斯全集》第 3 卷,人民出版社 2010 年版,第 40 页。

题的虚假解决，马克思将黑格尔的这一问题接受和继承下来，并尝试给出自己的解决方法。激进民主是第一次尝试，人类解放则是第二次尝试。人类解放首先是相对于政治解放而言的，而政治解放则是在批判鲍威尔的基础上提出的。鲍威尔将犹太人问题视作是宗教对立问题，从而将犹太人的政治解放理解为对宗教对立的克服。马克思指出："这一点暴露了他对犹太人问题的片面理解。"在马克思看来，犹太人问题绝不是如鲍威尔所说的是宗教问题，而是一个世俗问题（犹太精神的问题，亦即市民社会的问题）。并且，"只有对政治解放本身的批判（也就是对市民社会的批判），才是对犹太人问题（犹太精神）的最终批判"，换言之，只有理解了政治解放本身，才能理解犹太人问题的真实性质。事实上，正是在北美这样的政治解放较为彻底的国家，犹太人问题才显示出其真正的、普遍的性质。那么，政治解放意味着什么？"政治解放的限度一开始就表现在：即使人还没有真正摆脱某种限制，国家也可以摆脱这种限制……人分为私人和公人，宗教从国家向市民社会的转移，这不是政治解放的一个阶段，这是它的完成。"①从以上表述中，我们可以看到，政治解放最终所达到和实现的不过是市民社会与政治国家的分离，人分为公人和私人只是以另一种形式说出了这一点。其次，政治解放意味着，政治国家废除了市民社会的诸种要素（宗教、私有财产等等）对它的束缚，从而摆脱了市民社会本身，但同时宗教和私有财产却在市民社会获得持存。最后，通过对政治解放乃至政治革命的引入，马克思说明了国家与市民社会分离的历史起源，换言之，政治解放乃是国家与市民社会分离的历史前提。

但是，在政治国家层面上废除宗教、私有财产等市民社会的诸要素，并不是在市民社会层面上对宗教、私有财产等的废除，换言之，政治解放还不是人类解放（政治解放解决的是国家解放的问题，人类解放则要解决市民社会解放的问题。市民社会的解放意味着从犹太精神——利己主义精神中解放出来，后者恰恰是所谓犹太人解放的真实含义，因此，所谓犹太人问题也就是意味着如何从犹太精神中解放出来这样的世俗问题，这无疑也是市民社会的基本问题）。由于私有财产、宗教恰恰构成市民社会的原则，因此，废除它们也就是要求废除市民社

---

① 《马克思恩格斯全集》第3卷，人民出版社2010年版，第167页、170页。

会本身。由此可见，人类解放乃是直接针对政治解放提出的，它直接意味着废除市民社会，但同时也必然是对国家的废除。因为，通过对黑格尔法哲学的批判，马克思已经认识到国家植根于市民社会。通过对于等级要素的分析，马克思也看到了等级要素虽然具有政治存在的形式，但实际上起作用的还是市民社会的特殊利益，因此，所谓普遍利益严格来说是不具有现实性存在的。由此可见，国家生活领域中只不过是对市民社会特殊利益的反映，或者说，市民社会与国家的关系是本质与现象的关系。因此，从激进民主到人类解放的转向是有其必然性的，但同时，这种转向并不意味着要解决的基本问题发生了变化，至多只能说批判的侧重点或者说解决的路径改变了。

马克思并未停留于在路径层面上从废除国家转向废除市民社会。由于市民社会自身内部也存在着本质与现象的关系结构，于是，马克思在市民社会范围内又从宗教转向私有财产，这一点构成了《论犹太人问题》后半部分处理的主题。马克思指出："犹太人获得解放的能力问题，变成了必须克服什么样的特殊社会要素才能废除犹太教的问题……我们不是到犹太人的宗教里去寻找犹太人的秘密，而是到现实的犹太人里去寻找他的宗教的秘密。"（犹太人的解放有赖于废除犹太精神这样的特殊社会要素）换言之，犹太教作为市民社会的精神要素，在市民社会的实际的、物质的要素中有其根据。这种物质要素正是指私有财产。马克思紧接着谈道："如果有一种社会组织消除了做生意的前提，从而消除做生意的可能性，那么这种社会组织也就会使犹太人不可能存在。"[①]关于这种社会组织，我们可以说的是，它必然是一种扬弃私有财产的组织，因为私有财产恰恰构成了做生意的前提。于是，我们可以理解，为何马克思会在《1844年经济学哲学手稿》中展开私有财产批判，并用私有财产的积极扬弃来重构共产主义。

马克思通过不断还原的方法，从国家转向市民社会，在市民社会的范围内又从宗教转向私有财产，从而不断进行与扬弃国家同市民社会分离相适应的理论建构。通过这一过程，马克思的政治经济学批判必然要求的革命实践也获得了具体的目标，即扬弃私有财产。而扬弃私有财产意味着实现对财产关系的社会

① 《马克思恩格斯全集》第3卷，人民出版社2010年版，第191页、192页。

占有，由此，与人的高度的革命必然相连的社会建设就落到了实处。虽然人类解放已经指向了废除市民社会，但人类解放毕竟是用诸如“人在自己的经验生活、自己的个体劳动、自己的个体关系中间，成为类存在物”“人把社会力量组织起来因而不再以政治力量的形式同自己分离”等说法来表述的，这样一种人类解放的理论缺乏具体的目标，因而还不是指向革命实践的理论，而指向革命实践恰恰是历史唯物主义特有的理论品格。在确立了扬弃私有财产的基本目标之后，马克思也试图为革命实践寻找主体。在马克思看来，革命实践的可能性在于现实本身产生出革命需要，因为“光是思想力求成为现实是不够的，现实本身应当力求趋向思想”①。而革命需要又是与物质条件相关的，对于建立在私有财产原则基础上的市民社会来说，存在着这样一个阶级——无产阶级，它必然要求否定私有财产并进而否定市民社会。换言之，无产阶级因为自身的存在条件而产生了现实的革命需要。由此，以扬弃私有财产为目标的共产主义，就不仅是一种理论建构，同时也是一种实践要求。可以说，共产主义才是马克思从黑格尔那里接受过来的国家与市民社会分离问题的最终解决和归宿。

第二节　异化劳动与私有财产

一、异化概念的思想史考察

异化的英文 alienation 译自德文 Entfremdung，德文 Entfremdung 译自希腊文 allotriesis，表示脱离、转让、出卖、受异己力量的统治、让别人支配等意思。《圣经·新约》记载，使徒保罗传道时，受到里异教徒的包围，他就训斥那些人说，由于你们的愚昧无知，就使你们从上帝的生活中异化了。

在卢梭那些影响深远的观念中，有一个最具有原创性的词，它是卢梭全部理

① 《马克思恩格斯全集》第3卷，人民出版社2010年版，第209页。

论框架的奠基石，我们间接地称它为疏远，和它相近的意思有置换、代替、增补、异化等。卢梭用异化来描绘文明与自然的背离，当他以自然为标准时，他看到了社会的发展如何使得自然人异化为文明人。一方面，科学与艺术的进步是以道德的沦丧为代价的："我们的灵魂正是随着我们的科学和我们的艺术之臻于完美而越发腐败。"另一方面，自由和平等本来是人与生俱来的东西，是自然状态下人们天然的具有的权利，然而社会状态中的文明人却失去了。经济的不平等最终带来了奴役和被统治，由此，自由人异化为被奴役者。

黑格尔并未对异化与对象化作出区分，二者都是指"抽象的思维同感性的现实或现实的感性在思想本身范围内的对立"。由于黑格尔是以自我意识为出发点，因而异化与对象化等同于否定性环节，而异化之扬弃就等同于否定之否定环节。并且，当黑格尔要求克服意识的对象时，这种克服主要是指克服对象性本身。因为在他看来，并不是对象的一定的性质，而是它的对象性的性质本身，对自我意识来说是一种障碍。相反，马克思则区分了对象化与异化，前者是人的本质性的存在方式，而后者则意味着人的本质以非人的方式同自身对立的对象化，换言之，异化意味着对象化遭到扭曲。

（一）异化劳动的理论前提

关于人的本质的哲学人类学预设：动物和自己的生命活动是直接同一的。动物不把自己同自己的生命活动区别开来。它就是自己的生命活动。人则使自己的生命活动本身变成自己意志的和自己意识的对象。……有意识的生命活动把人同动物的生命活动直接区别开来。正是由于这一点，人才是类存在物。

动物的生产是片面的，而人的生产是全面的；动物只是在直接的肉体需要的支配下生产，而人甚至不受这种肉体需要的影响也进行生产，并且只有不受这种需要的影响才进行真正的生产。动物只生产自身，而人再生产整个自然界。……动物只是按照它所属的那个种的尺度和需要来改造，而人懂得按照任何一个种的尺度来进行生产，并且懂得处处都把自己内在的尺度运用于对象；因此，人也按照美的规律来构造。

马克思在《1844 年经济学哲学手稿》中展开了对人的本质的思考，他将人的本质理解为劳动的对象化过程。正是在创造性地改造对象世界的过程中，人把自己的生命力对象化，而人类的历史及其对象性存在，最明确不过地表现着人的本质力量。因此，人与自然的、现实的、历史的统一，只有在对象化的劳动过程中，才能得到具体的和合理的理解。不难看出，这里已经蕴含着马克思与费尔巴哈的原则分歧，并包含着否定费尔巴哈的基本理由。

（二）异化劳动学说试图解决的任务

马克思在《1844年经济学哲学手稿》中力图澄清国民经济学的理论前提，揭示国民经济学的根本矛盾。理论前提：国民经济学从私有财产的事实出发，但它没有为我们说明这个事实。根本矛盾：国民经济学以劳动价值论为前提，但却把资本家的利益说成是最后的根据。

马克思指出，国民经济学是以私有财产为前提的，但是对此前提却未加反思。它只是将私有财产在现实中所经历的物质过程，放进一般的抽象的公式，然后把这些公式当作规律。但却没有指明这些规律是如何从私有财产的本质中产生出来的。譬如说，国民经济学不懂得工资规律是如何从私有财产的本质中产生出来的。为了说明国民经济学的规律，同时也为了解释它所陷入的工资规律与劳动价值论的矛盾，马克思意识到必须对私有财产展开分析，把握其本质。

二、异化劳动学说的内涵、结论及其为解决的任务

（一）异化劳动学说的基本内涵

人同劳动产品的异化：劳动所生产的对象，即劳动的产品，作为一种异己的存在物，作为不依赖于生产者的力量，同劳动相对立。……工人生产得越多，他能够消费得越少；他创造价值越多，他自己越没有价值、越低贱。工人的产品越完美，工人自己越畸形。工人创造的对象越文明，工人自己越野蛮……。人同他的劳动产品的异化意味着“物的异化”，这个规律是表示：工人在劳动中耗费越多，他所创造的反对自身的、异己的对象世界的力量就越强大，他自身、他的内部

世界就越贫乏，归他所有的东西就越少。马克思指出，工人同生产的关系构成生产的本质关系，国民经济学正是由于不考察这一关系，才看不到劳动本质的异化。

人同劳动过程的异化：异化不仅表现在结果上，而且表现在生产行为中，表现在生产活动本身中。如果工人不是在生产行为本身中使自己异化，那么工人活动的产品怎么会作为相异的东西同工人对立呢？产品不过是活动、生产的总结。因此，如果劳动的产品是外化，那么生产本身必然是能动的外化、活动的外化、外化的活动。在劳动对象的异化中不过总结了劳动本身的异化、外化。马克思认为，异化劳动的第二个层面可以概括为自我异化，它涉及处于雇佣关系中的劳动者的切身感受，马克思十分形象地描绘了这一层面："他（工人）在自己的劳动中不是肯定自己，而是否定自己，不是感到幸福，而是感到不幸，不是自由地发挥自己的体力和智力，而是使自己的肉体受折磨、精神遭摧残。因此工人只有在劳动之外才感到自在，而在劳动中则感到不自在，他在不劳动时觉得舒畅，而在劳动时就觉得不舒畅。"自我异化意味着劳动本身是被强制的，是手段而非目的。从而，人只有在不劳动时，在运用动物的机能时，才觉得自己在自由活动。

人同类本质的异化：异化劳动，由于①使自然界，②使人本身，使他自己的活动机能，使他的生命活动同人相异化；对人来说，它把类生活变成维持个人生活的手段。第一，它使类生活和个人生活异化；第二，它把抽象形式的个人生活变成同样是抽象形式和异化形式的类生活的目的。

异化劳动的第三个层面，完全是前两个层面的结果。如果人同活动对象与活动本身相异化，那么，人同类生活及类本质必然是处于异化关系之中。因为，活动对象与活动本身正是构成类生活的两个部分。换言之，类生活即是人的对象性活动。事实上，人的类生活相比于动物而言，是最具有普遍性的。因为人与整个自然界发生关系，既有精神关系，又有实践关系。而动物只是与自然界的特定部分发生关系。

人同他人的异化：人同自己的劳动产品、自己的生命活动、自己的类本质相异化的直接结果就是人同人相异化。当人同自身相对立的时候，他也同他人相对立。凡是适用于人对自己的劳动、对自己的劳动产品和对自身的关系的东西，也都适用于人对他人、对他人的劳动和劳动对象的关系。异化劳动的第四个层面，是从前三个层面推导出来的。因此，这里的所谓“结果”实际是指逻辑结果。人之所以同他人相异化，直接的原因是人同自己的本质相异化。换言之，异化发生在异化的人与真正的人之间。“现在让我们看一看，应该怎样在现实中去说明和表述异化的、外化的劳动这一概念。”当马克思这样说时，意味着对异化的分析从一般的概念分析转向现实性的分析。“不是神也不是自然界，只有人自身才能成为统治人的异己力量。”换言之，人的异化根源在于另一个人的存在，这个人在生产现实中即是指资本家。

（二）异化劳动学说的基本结论

（1）异化劳动的四个层面存在着一种递进关系，第三个层面是前两个层面的概括，第四个层面则是第三个层面的推论。马克思之所以要将异化的解释推进到人与人的关系层面，根本用意在于过渡工人与资本家的关系。正是这种关系从现实性的角度揭示了异化的本质。马克思反复强调“人对自身的关系只有通过他对他人的关系，才成为对他来说是对象性的、现实的关系”，绝非无的放矢。

（2）私有财产是外化劳动即工人对自然界和对自身的外在关系的产物、结果和必然后果。马克思从异化劳动的角度来说明私有财产，并将前者看作是后者的本质。工人同产品的异化只不过是工人同自身劳动异化的必然结果，而这两者结合起来就可以推出工人同类生活的异化。因为，类生活即意味着人对自然界的对象以及对自身的占有，这种占有是一种自由的活动，而异化劳动恰恰是使人丧失了对象以及自身。而上述三者共同的结果即是人同人相异化。因为当一个人与类生活相异化时，他也就同他人相异化。但是，以上所述四个层面属于对“经济事实”的描绘，问题在于阐明异化劳动的概念。换言之，异化劳动本身的根据又在哪里？马克思认为，既然劳动产品是同工人相异化的，也即不属于工人的，那么，它就另有所属。这个所属者既不是神也不是自然界，而只能是人自身。“不是人也不是自然界，只有人自身才能成为统治人的异己力量。”①并且，人之

① 《马克思恩格斯全集》第3卷，人民出版社2010年版，第276页。

所以同自身以及劳动产品异化，恰恰是因为有另外一个人成为工人自身及其产品的主人。换言之，人的自我异化必然预设了他人对自身的支配和统治，或者说，正是通过同他人的实践的、现实的关系，人的异化才表现出来。因此，异化劳动不仅生产出了人的自我异化，同样，也生产出了他人同他及其产品的支配关系。这里的他人毫无疑问是指资本家，而资本家对工人劳动产品的支配即意味着私有财产关系。于是，我们看到，马克思从异化劳动的概念出发，最终得出了作为其必然结果的私有财产概念。需要指出的是，马克思这里谈论的是发展到最后的、最高的阶段的私有财产，这种私有财产一方面是作为劳动的私有财产，另一方面则是作为资本的私有财产，而上文中所谈到的资本家对工人的支配关系即资本对劳动的支配关系，则表现为私有财产的内在关系。并且，根据前文的讨论，正是资本对劳动的支配这一内在关系才产生了无论是作为资本的私有财产还是作为劳动的私有财产。因此，私有财产的主题应当让位于资本与劳动的主题。

(3)劳动价值论与工资规律的矛盾根源在于劳动自身的二律背反。

(4)马克思异化劳动学说最为重要的理论成果在于，他看到了异化劳动不仅生产出了劳动产品以及工人同自身的异化的关系，同样也看到了，其对于工人与资本家的关系的生产。这一点在《哲学的贫困》中得到明确表达："经济学家蒲鲁东先生非常明白，人们是在一定的生产关系中制造呢绒、麻布和丝织的。但是他不明白，这些一定的社会关系同麻布、亚麻等一样，也是人们生产出来的。社会关系和生产力密切关联。"

(三)异化劳动学说尚未解决的任务

(1)从私有财产对真正人的和社会的财产的关系来规定作为异化劳动的结果的私有财产的普遍本质。这涉及对异化和私有财产的普遍根据的解释。

(2)考察资本与劳动的关系，"现在我们就来考察一下这个同劳动和工人生疏的人(资本家)对工人、劳动和劳动对象的关系。"正是这一关系构成了《资本论》的伟大主题。

(3)人怎么使他的劳动外化、异化？这种异化又怎么以人的发展为根据？

(四)马克思私有财产批判的缘起与理论建构

异化劳动理论是由私有财产批判所引发出来的,而马克思在进行私有财产批判之前,先进行了从宗教批判到政治批判再到政治经济学批判的转变。与之相适应,马克思构建了从激进民主到人类解放再到共产主义的理论图景。激进民主或者说真正的民主是在批判黑格尔的君主制原则时提出的,马克思以此为基础不仅批判了君主制,同时也批判了政治共和制。在马克思看来,“君主制与共和制之间的争论始终是抽象的国家范围内的争论。政治的共和制是抽象国家形式范围内的民主制”。与此相反,激进民主的概念则是直接针对抽象国家范围而言的,它首先意味着超越或废除抽象国家。但同时,它也意味着废除私人领域或市民社会,因为“它们(各个特殊领域——引者注)的私人本质将随着国家制度或政治国家的彼岸本质的消除而消除”[①]。由此可见,即使是与政治批判直接相关的激进民主,仍然包含着对于市民社会的扬弃。我们强调政治批判与市民社会批判的统一,强调社会政治批判的提法,在这里立即显示出它的必要性与意义。以上是马克思从否定方面对于激进民主的说明。除此之外,马克思也从肯定的方面解释了激进民主的内涵,他指出:“在民主制中,任何一个环节都不具有与它本身的意义不同的意义。每一个环节都是整体人民的环节……民主制也是一样,它是一切国家制度的本质,作为特殊国家制度的社会化的人……在民主制中,不是人作为法律而存在,而是法律为人而存在。”[②]透过以上种种表述,我们发现,马克思所谓民主制其核心内涵即是将人视作是原则,这与黑格尔以国家为原则正好相反。以人为原则,则无论是普遍的内容(政治国家)还是特殊的内容(市民社会),都只不过是人的特殊存在方式、社会化的人。由此,人不仅扬弃了在政治国家范围内的异化,也扬弃了在市民社会范围内的异化。这里,社会的概念尤其值得注意,它表明,马克思试图在社会的更高的基地上建构普遍与特殊、形式与内容、主观与客观的真正统一。

马克思与黑格尔的争论绝不仅仅是政治立场的争论,相反,争论涉及的是对

① 《马克思恩格斯全集》第3卷,人民出版社2010年版,第41页、42页。

② 《马克思恩格斯全集》第3卷,人民出版社2010年版,第40页。

同一个基本问题的不同解决方式。通过批判黑格尔对于国家与市民社会分离问题的虚假解决,马克思将黑格尔的这一问题接受和继承下来,并尝试给出自己的解决方法。激进民主是第一次尝试,人类解放则是第二次尝试。人类解放首先是相对于政治解放而言的,而政治解放则是在批判鲍威尔的基础上提出的。鲍威尔将犹太人问题视作是宗教对立问题,从而将犹太人的政治解放理解为对宗教对立的克服。马克思指出:“这一点暴露了他对犹太人问题的片面理解。”在马克思看来,犹太人问题绝不是如鲍威尔所说的是宗教问题,而是一个世俗问题(犹太精神的问题,亦即市民社会的问题)。并且,“只有对政治解放本身的批判(也就是对市民社会的批判),才是对犹太人问题(犹太精神)的最终批判”,换言之,只有理解了政治解放本身,才能理解犹太人问题的真实性质。事实上,正是在北美这样的政治解放较为彻底的国家,犹太人问题才显示出其真正的、普遍的性质。那么,政治解放意味着什么?“政治解放的限度一开始就表现在:即使人还没有真正摆脱某种限制,国家也可以摆脱这种限制……人分为私人和公人,宗教从国家向市民社会的转移,这不是政治解放的一个阶段,这是它的完成。”[①]从以上表述中,我们可以看到,政治解放最终所达到和实现的不过是市民社会与政治国家的分离,人分为公人和私人只是以另一种形式说出了这一点。其次,政治解放意味着,政治国家废除了市民社会的诸种要素(宗教、私有财产等等)对它的束缚,从而摆脱了市民社会本身,但同时宗教和私有财产却在市民社会获得持存。最后,通过对政治解放乃至政治革命的引入,马克思说明了国家与市民社会分离的历史起源,换言之,政治解放乃是国家与市民社会分离的历史前提。

但是,在政治国家层面上废除宗教、私有财产等市民社会的诸要素,并不是在市民社会层面上对宗教、私有财产等的废除,换言之,政治解放还不是人类解放(政治解放解决的是国家解放的问题,人类解放则要解决市民社会解放的问题。市民社会的解放意味着从犹太精神——利己主义精神中解放出来,后者恰恰是所谓犹太人解放的真实含义,因此,所谓犹太人问题也就是意味着如何从犹太精神中解放出来这样的世俗问题,这无疑也是市民社会的基本问题)。由于私

① 《马克思恩格斯全集》第3卷,人民出版社2010年版,第167页、170页。

有财产、宗教恰恰构成市民社会的原则，因此，废除它们也就是要求废除市民社会本身。由此可见，人类解放乃是直接针对政治解放提出的，它直接意味着废除市民社会，但同时也必然是对国家的废除。因为，通过对黑格尔法哲学的批判，马克思已经认识到国家植根于市民社会。通过对于等级要素的分析，马克思也看到了等级要素虽然具有政治存在的形式，但实际上起作用的还是市民社会的特殊利益，因此，所谓普遍利益严格来说是不具有现实性存在的。由此可见，国家生活领域中只不过是对市民社会特殊利益的反映，或者说，市民社会与国家的关系是本质与现象的关系。因此，从激进民主到人类解放的转向是有其必然性的，但同时，这种转向并不意味着要解决的基本问题发生了变化，至多只能说批判的侧重点或者说解决的路径改变了。

马克思并未停留于在路径层面上从废除国家转向废除市民社会。由于市民社会自身内部也存在着本质与现象的关系结构，于是，马克思在市民社会范围内又从宗教转向私有财产，这一点构成了《论犹太人问题》后半部分处理的主题。马克思指出："犹太人获得解放的能力问题，变成了必须克服什么样的特殊社会要素才能废除犹太教的问题……我们不是到犹太人的宗教里去寻找犹太人的秘密，而是到现实的犹太人里去寻找他的宗教的秘密。"（犹太人的解放有赖于废除犹太精神这样的特殊社会要素）换言之，犹太教作为市民社会的精神要素，在市民社会的实际的、物质的要素中有其根据。这种物质要素正是指私有财产。马克思紧接着谈道："如果有一种社会组织消除了做生意的前提，从而消除做生意的可能性，那么这种社会组织也就会使犹太人不可能存在。"[①]关于这种社会组织，我们可以说的是，它必然是一种扬弃私有财产的组织，因为，私有财产恰恰构成了做生意的前提。于是，我们可以理解，为何马克思会在《1844年经济学哲学手稿》中展开私有财产批判，并用私有财产的积极扬弃来重构共产主义。

① 《马克思恩格斯全集》第3卷，人民出版社2010年版，第191页、192页。

第三节　从异化到物化:商品拜物教

一、物化与异化

这两对概念是既相互联系但又十分不同的概念:马克思所谓物化意味着社会关系的异化,由此,有关异化的分析,从直接的物质生产领域进展到流通领域。换言之,物化理论发展和丰富了马克思的异化学说。按照马克思的定义,物化具有如下的内涵:人类劳动的等同性,取得了劳动产品的等同的价值对象性这种物的形式;用劳动的持续时间来计量的人类劳动力的耗费,取得了劳动产品的价值量的形式;最后,生产者的劳动那些社会规定借以实现的生产者关系,取得了劳动产品的社会关系的形式。物化主要是指社会关系的物化,即社会关系以物的关系的形式表现出来。正是在物化的状态中,商品变成了可感觉又超感觉的物,换言之,既具有自然的物理化学属性又具有社会属性。例如,一吨铁的价值等同于 2 盎司金的价值,这似乎成了铁天然的社会属性。正是这种社会属性使得商品成为超感觉的神秘物。因此,物化的状态确证了商品拜物教的存在。物化同时意味着,每个人都是以物的形式占有社会权力,而个人的生命活动必须具有交换价值,才能证明自己是社会性存在。物化的积极意义:相比于古代世界单个人的"那种原始的丰富"和个人之间直接的统治与从属关系而言,资产阶级条件下的物化却产生出"个人关系和个人能力的普遍性和全面性"。

物化理论是卢卡奇写作《历史与阶级意识》的重要主题之一,卢卡奇认为在资本主义制度下,人的物化是其存在的本质特征,物化现象不仅是外在客观世界的根本特点,也是人的内在世界的根本特征。在《历史与阶级意识》公开发表十年以后,《1844 年经济学哲学手稿》才于 1932 年发表,卢卡奇的《历史与阶级意识》是 20 世纪最早、最系统提出物化理论的一部著作。卢卡奇对劳动物化的分析与马克思的异化劳动具有极大的相似性,他看到了资本主义生产条件下,劳动者不再成为人，而是作为被物所支配并且用物来衡量价值和尊严的物。

最早形成的哲学异化理论是对社会历史中应该存在的东西采取了异在或相悖状态的表征。卢卡奇物化理论包括四个层面的内涵：①继承了马克思的物化概念，人与人社会关系的物化；②人的活动变成了客观的、不依赖人的东西，并且服从于异于人的自律性；③意识物化；④合理化——人的自我物化，即人变成了生产过程中的客体，机器体系成为主体。这里，与马克思的异化劳动理论有相通之处。物化现象的第二部分：①卢卡奇一上来先是延续了马克思的思路，区分了物化的直接性和物化的根本现象。②合理化的司法制度与合理化的国家。“现代资本主义在内部首先建立在计算的基础上。为了它的生存，它需要一种法律机构和管理系统，它们的职能至少在原则上能够根据固定的一般原则被合理地计算出来，像人们计算一架机器大概可能的功率一样。”③局部性的规律系统相互之间的联系是偶然的。物化现象的第三部分：①对现代科学本身的批判：科学本身变成一种具有局部特殊规律的形式上的封闭系统，并因此无法认识自身的物质、即现实基础。“通过这种规律的形式抽象，经济学总变成一个封闭的局部系统。这种系统一方面既不能看穿它自己的物质基础，也不能从它出发找到认识社会总体的途径，所以，另一方面，它也不能把这种物质理解为一种可变的、永恒的给定之物。这就使得科学无法理解特有物质的产生和消失，无法理解它的社会性质以及对它可能采取的态度的社会性质和特有形式系统的社会性质。”②各专门科学由于远离其概念形成的物质基础都有意识地放弃了对整体的认识。要做到这一点，只有当哲学通过对问题的完全另外一种提法，通过专注于可认识事物、被认识事物的具体的、物质的总体来突破这种陷入支离破碎的形式主义限制时，才是可能的。

韦伯的合理化思想深刻影响了卢卡奇物化理论的形成。韦伯拥护对象化中的量化和可计算性，也就是说，韦伯的物化理论是非批判和肯定性的。在建构物化理论的过程中，青年卢卡奇大量引用了韦伯的观点，但是他采取的立场正好与韦伯相反……简单地说，事实上他用马克思的物化概念把韦伯的合理化思想与人本主义批判价值这两种不同的东西嫁接起来。生产力奴役：物化是生产过程不可回避的东西，是“资本主义社会的人们受生产力奴役的情况”。生产力奴役的观点意味着在资本主义社会中解放本身亦是一个不可能的理想。

现代西方马克思主义哲学的异化理论发生了重要的转变:①异化研究的重点从生产转向消费,从经济转向文化,从社会政治转向意识形态,使异化理论成为一种浮在现象表层的伦理批判。②异化研究个体化、心理化和主观化。他们把注意力从一般的人的类本质的丧失转向个体心理结构的"异常变异",异化理论几乎成为一种精神心理疾病的症候分析,并且,这种分析往往带有浓厚的主观随意性。③异化现象永恒化。只要存在个体意识与现实的矛盾,异化就必然存在。④非本体论倾向。他们的异化理论成为一种并没有实质意义的对压迫的口头抗议。

在西方马克思主义看来,现代异化是与资本主义伴生的人类生存状况的矛盾或现代社会的"常态病理"。现代异化表现为三个方面的矛盾:第一,丰裕社会之匮乏。萨特认为,匮乏是人与自然、人与人之间的张力关系,它既可以用来指时间的匮乏,也可以指产品的社会匮乏等其他方面的匮乏。第二,自由之中的不自由。在新的虚假的意识形态中,自以为占有自己的本质,自以为扬弃了异化,自以为获得了自由,但却更深地失去了真正的自我,这就是当代资本主义社会中异化之异化的本质。第三,人对自己的不关心。人类生存的矛盾状况:一方面作为自然的产物,人不曾被赋予在大自然之外谋求新生的手段,另一方面人却丧失了与自然的统一性。异化意味着人的生活异常空虚并丧失了意义。

当代异化的内涵:①被管理的世界。现代社会中,人无异于档案中的数字,变成了物品,在一种所谓的科学程序中被摆弄来摆弄去。②消费动物。在消费领域中,人们误以为自己是在独立自由地选择着商品,但实际上却被巧妙地操纵着购买特定的商品。③人与人之间的冷漠与疏远。④人与人之自身相分离的异化。现代社会中,个人已不复存在,存在的只是一份份同质的商品。人人都是人力资源。⑤艺术和心理。当代异化不再是一种现实的"经济强制",而是一种意识形态控制的心理异化,由于丧失了自己应该具有的心理上的真实感受和鉴别力,人们丧失了真实的需要和人格,因而也就丧失了作为人的本质的自由选择力。

二、异化作为辩证法的核心

马克思在《1844年经济学哲学手稿》中展开了对于黑格尔辩证法和整个哲学的批判，在这一手稿的序言中，他强调这一批判是十分必要的。施特劳斯和鲍威尔等青年黑格尔派分子正是由于对黑格尔辩证法采取了非批判的态度，才终于不自觉地仍然落入黑格尔主义的范式中。因此，这一批判的必要性在于，划清同黑格尔辩证法的界限以防止被其所束缚和感染。马克思在进行私有财产批判时，大量使用了异化（否定）、扬弃（否定之否定）等黑格尔辩证法的核心范畴，这些范畴是在何种意义上被使用的？它们的共同出现是否意味着马克思已经在以一种辩证的方式思考问题？事实上，正是因为对黑格尔辩证法的复活，才使得有意识地展开对黑格尔辩证法及其整个哲学的批判显得十分必要。

从形式上看，这部分内容首先是由对共产主义的讨论延伸出来、作为其第六点出现的。依据这一线索，我们可以尝试建立有关共产主义讨论与对黑格尔辩证法批判的某种联系。这种联系的关键就是异化问题。按照卢卡奇的说法，正是这一问题，“它的理论史的和方法论的根基被追溯到黑格尔的辩证法”。① 可以说，正是将对异化问题的探讨深入下去的需要，驱使马克思重新面对黑格尔。在马克思看来，异化是黑格尔辩证法的核心，辩证法本身即意味着异化及异化的扬弃。如果说异化对应着否定性环节，那么，异化之扬弃就意味着否定之否定。在这个意义上，我们可以理解马克思的如下说法：“因此，黑格尔的《现象学》及其最后成果——辩证法，作为推动原则和创造原则的否定性——的伟大之处首先在于，黑格尔把人的自我产生看作一个过程，把对象化看作非对象化，看作外化和这种外化的扬弃。”②黑格尔的确是在谈论绝对亦即抽象的自我意识，但是，黑格尔将绝对理解为自我生成的总体，总体的每一个环节都既是对象化又是非对象化。这不过是关于现实人的真理被运用于绝对的结果罢了，它表明，黑格尔真正地理解了现实的人与现实的劳动。同样，辩证的过程与异化（外化）及其扬弃

① ［匈］卢卡奇：《历史与阶级意识》，商务印书馆2009年版，第17页。

② 《马克思恩格斯全集》第3卷，人民出版社2010年版，第320页。

的过程是同一个过程。黑格尔在《精神现象学》中将精神的发展过程描述为上述的辩证过程，这一过程的结果既是精神的自我实现又是精神的自我认识。但由于精神本身不过是大写的"人"(在黑格尔看来，人和精神的本质都是自我意识)，因此，这一过程同时也是大写的"人"的自我实现和自我认识的过程。同样，由于异化及其扬弃的辩证过程也构成了劳动的本质，因而，懂得这一辩证过程的原理即懂得劳动的本质。辩证法本身是一种批判的方法，因此，尽管黑格尔将辩证法抽象化、神秘化，他的哲学依然保有批判的外表，就其实质，不过是非批判的实证主义和同样非批判的唯心主义。最后，既然辩证法是一种批判的方法，而辩证法的核心又是异化，那么，坚持异化就意味着对批判的坚持，按照马克思的说法，即"因为《现象学》坚持人的异化——尽管人只是以精神的形式出现——所以它潜在地包含着批判的一切要素"。

需要指出的是，马克思对异化的理解与黑格尔有着十分重要的差别。黑格尔的异化概念意味着"抽象的思维同感性的现实或现实的感性在思想本身范围内的对立"，而马克思的异化概念则意味着"人的本质以非人的方式同自身对立的对象化"。因此，当黑格尔要求克服意识的对象时，这种克服主要是指克服对象性本身，"因为并不是对象的一定的性质，而是它的对象性的性质本身，对自我意识来说是一种障碍"①。所谓克服意识的对象，即意味着扬弃对象性以便回归自我。但是，这种扬弃并未实际触动对象，而是指对思想上的本质的扬弃，或者说，是指对已经成为知识对象等的宗教、国家、自然界的扬弃。同时，黑格尔的扬弃概念也暴露了他的"虚假的实证主义和徒有其表的批判主义"。因为扬弃不仅具有否定的一面，而且有保存的一面。换言之，应当重新恢复已经被否定的东西，这也可以解释何以神学在遭到批判之后又在黑格尔的哲学中得以恢复。由此可见，黑格尔辩证法的局限性和片面性在异化和扬弃这两个概念中充分显露出来。

但反过来，黑格尔辩证法中包含着的积极环节也在异化和扬弃这两个概念中显露出来，当然，这种显露也始终是在异化的、抽象的范围内的。这里的积极

① 《马克思恩格斯全集》第3卷，人民出版社2010年版，第327页。

环节首先在于，黑格尔将扬弃理解为重新占有对象性，马克思所谓共产主义正是在这个意义上得以规定的："无神论、共产主义绝不是人所创造的对象世界的消逝、舍弃和丧失，即绝不是人的采取对象形式的本质力量的消逝、舍弃和丧失，绝不是返回到非自然的、不发达的简单状态去的贫困。"[①]其次，黑格尔在异化和抽象的范围内，理解了自身的否定具有的积极意义。事实上，自身的否定与否定之否定不过是同一个过程的不同说法，而对象同时代表着否定与否定之否定。因此，在黑格尔那里，自我的否定总是伴随着自我获得、本质的表现。另外，否定也表明自身是一个必要的中介，正像私有财产对共产主义的生成是一个必要的中介，在这个限度内，否定具有积极意义。但是，由于黑格尔的立脚点是抽象的自我意识，于是，上述行动仅仅是形式的，而在其最抽象的形式上，也即是辩证法。总之，黑格尔整个哲学的起点在于将现实的人拔高为绝对的自我意识即绝对精神，但他却颠倒了主语和谓语，将现实的人仅仅理解为绝对精神的表现和形式。同时，他又将具体的对象性活动、劳动归结为自我设定、自我异化的抽象的、神秘的行动，于是，感性的、内容丰富的活动变成了抽去一切内容的抽象活动即否定，从而使得它成为适用于一切内容的脱离现实精神和现实自然界的逻辑范畴和思维形式。从《精神现象学》中的否定、异化范畴出发，马克思进而论及了《逻辑学》中的诸范畴，指出存在、本质、概念等范畴也是在脱离现实精神和现实自然界的意义上被把握和理解的。对黑格尔而言，这些范畴不过是作为思维的思维即绝对观念的必然结果、必然展开，而绝对观念的自我外化将带来自然界。但是，一旦设定自然界为绝对观念的外化，自然界也就是无，因为，整个自然界不过是在感性的、外在的形式下重复逻辑的抽象概念而已。黑格尔既然只承认抽象思维是本质，那么，自然界作为与之对立的外在性就是不应有的偏差、缺陷，这种偏差和缺陷是相对于本质而言的。因此，自然界必将扬弃自身，脱离本质的东西不过是虚无的、自我否定的东西。

通过以上分析，我们可以尝试从马克思对黑格尔辩证法的批判中把握他自身的辩证法的基本定向。首先，这种辩证法不再是关于抽象的自我意识而是关

① 《马克思恩格斯全集》第3卷，人民出版社2010年版，第331页。

于人的；黑格尔之所以将辩证法神秘化了，正是因为他将辩证法仅仅作为形式从积极的人的生命历程的具体内容中抽离出来，并使其幽禁于自我意识的神秘的主体—客体中。由于黑格尔仅仅从积极的方面亦即抽象的方面理解劳动、人的生命表现的过程，所以他始终不能理解现实的人，只有懂得劳动、人的生命表现的消极方面即异化才能懂得现实的人。否则，即使我们已经将辩证法建立在人的基础上，我们仍然至多只是理解了抽象的人的生命过程。总之，黑格尔的辩证法的隐蔽的基础是对于人的某种抽象的、形式的理解，因此，他不要求深入到人的生命历程的具体内容中去，并且将这种具体内容本身看作是不重要的，至多只有确证辩证形式本身的意义。相反，马克思的辩证法要求深入到人的异化现实中，达到对于此种现实的辩证的理解。现实之所以是现实，就因为它包含具体的、生动的内容。同样，劳动之所以是具体的，就在于它是在特定的条件下，以特定的形式展开的。对黑格尔来说，异化（对象化）只是形式的规定。而对马克思来说，异化是关于内容的，其本质可以追溯到劳动与资本的矛盾关系。其次，黑格尔的辩证法作为抽象的人的生命历程的形式，凌驾于任何内容之上并吞没一切内容。这样的辩证法严格说来是坚持抽象形式的优先性的，因而就忽视了内容自身的发展逻辑，但是，真正的辩证法应该成为内容自身的发展逻辑。最后，由于黑格尔的辩证法将否定的否定看作是真正的肯定，所以黑格尔辩证法表现为“虚假的实证主义与徒有其表的批判主义”，即总是将现实的经验重新在哲学上恢复起来，对神学的扬弃包含着对神学的恢复，对市民社会的扬弃包含着对市民社会的恢复等。以上三点大体上勾勒出了马克思在《1844 年经济学哲学手稿》时期辩证法的基本定向，但是，这一时期的辩证法是否就已经是后来人们所熟知的唯物辩证法？当马克思在展开对黑格尔的批判时，是否就真正达到了他的目标：扬弃和改造黑格尔的辩证法？事实并非如此。辩证法处理的对象从绝对变为人，并不意味着辩证法本身受到了改造。问题依然没有得到解决，成熟时期马克思的辩证法的本质内涵究竟是什么这一问题仍然有待作出回答。接下来，我们将借助于卢卡奇和阿尔都塞对于这一问题的思考来回答这一问题。

三、商品拜物教的秘密及其超越

马克思认为，商品拜物教的内涵：在宗教世界中，人脑的产物表现为赋有生命的、彼此发生关系并同人发生关系的独立存在的东西。在商品世界里，人手的产物也是这样。我把这叫作拜物教。劳动产品一旦作为商品来生产，就带上拜物教性质，因此拜物教是同商品生产分不开的。商品拜物教的秘密：价值形式。正是价值形式给劳动产品打上商品的烙印，赋予劳动产品以社会性质。同样，也正是价值形式遮蔽了私人劳动的社会性质以及私人劳动者的社会关系。古典政治经济学的主要缺陷：从来没有从商品的分析，特别是商品价值的分析中，发现那种正是使价值成为交换价值的价值形式。其之所以如此，是因为价值形式意味着人与人之间的社会关系的物化，从而意味着资产阶级生产方式的特殊性，亦即其历史性。由于资产阶级经济学家将资本主义生产方式理解为天然的、永恒的，所以他们必然会忽略对价值形式的分析。商品拜物教、货币拜物教、资本拜物教：既然拜物教的秘密在于价值形式，那么，随着价值形式从商品、货币发展到资本，必然会相应地存在商品拜物教、货币拜物教与资本拜物教。

卢卡奇指出，只有坚持总体性的辩证法才能超越商品拜物教及其物化意识。辩证法是卢卡奇毕生关注的主题，《历史与阶级意识》是对这一主题的集中展开。卢卡奇的基本判断是，马克思的辩证法是一种革命的、总体的方法，这样一种方法的直接对立面是资产阶级知性科学的方法，究其实质，不过是自然科学的方法在社会领域的误用。在卢卡奇的时代，修正主义传统成为马克思主义的主流，为了反驳这一传统，复活黑格尔的辩证法或者说恢复马克思主义的黑格尔主义传统具有十分突出的紧迫性。通过复活黑格尔的辩证法，马克思重新建立了革命的唯物主义的辩证法。按照卢卡奇的看法，革命性构成唯物主义辩证法的本质："唯物主义辩证法是一种革命的辩证法。这个定义是如此重要，对于理解它的本质有决定意义，以致为了对这个问题有个正确概念，就必须在讨论辩证方法本身之前，先掌握这个定义。”[①]

唯物主义辩证法首先关系到理论和实践的问题，理论的本质作用在于导向革命实践。革命实践得以可能的前提条件是：理论和实践达到统一，或者是阶级意识在历史中的生成。但是，如何使得阶级意识生成呢？马克思答道："光是思想竭力体现为现实是不够的，现实本身应当力求趋向思想。"换言之，阶级意识不仅要求理论发挥历史作用，而且要求现实本身具备使得理论被接受的条件。事实上，正是在无产阶级产生之后，对唯物主义辩证法、理论的需要才产生。于是，我们看到，正是理论与实践的统一或者说历史过程中主体与客体的统一，才使得理论亦即辩证的方法成为革命的方法。作为一种革命的方法，辩证法指向了对现实的改变，而改变现实或者说革命性正是唯物主义辩证法的本质。与唯物主义辩证法相反，资产阶级社会科学求助于自然科学的方法，借以把握所谓的事实及其相互联系。这样一种方法在资本主义的本质中有其根源，正如马克思已经指出的：从抽象性上来考察的劳动只是在资本主义社会中才产生。在资本主义社会中，孤立的事实、孤立的事实群催生了抽象的、单独的学科，这些学科将自身的规律视作是超历史的、永恒的规律。与之相反，辩证法坚持具体的总体，从而真正将历史的维度引入到对于现实的理解中。实际上，孤立的事实与总体的区别，意味着存在与内部核心、表象与概念之间的区别。正是因为没有从总体出发理解孤立的事实，所以才会将事实之间的有机联系视作是偶然的纯粹反思的联系。总之，辩证法与资产阶级科学的区别是历史性的总体性的现实与非历史的孤立事实的区别。但是，总体的辩证方法何以是历史性的方法呢？这是因为，总体的辩证法将矛盾视作是现实本身的本质，正是矛盾提供了历史变迁的动力，从而使得资本主义社会具有历史性。与之相反，在资产阶级科学中，对历史过程作统一的理解变得不可能。另一方面，资产阶级科学将商品、价值、货币、资本等对象性形式及其背后的物化的社会关系看作是固定不变的，只有辩证的总体观才能揭示出它们的本质，并认识到它们的历史性与在社会总体中的作用。譬如说，交换在资本主义社会中被看作是物与物的价值关系，与之对应的对象性形式是

① ［匈］卢卡奇：《历史与阶级意识》，商务印书馆2009年版，第48页。

价值形式，作为物的社会关系、价值形式，交换现象表现为超历史的东西。实际上，交换关系背后的本质是作为资本的生产关系，后者的变化将带来前者的变化。对象性形式取决于整体的关系、本质的关系，正如上升到普遍性的价值形式（交换关系）恰恰取决于资本的关系。只有揭去价值形式这层面纱，人与人的社会关系才能呈现。辩证的方法意味着对于对象的既承认又扬弃的态度，人与人的关系是物化社会关系的扬弃。

四、商品拜物教的历史性

依照唯物史观，人类社会存在着三大形态：①人对人的依赖——以自然经济为基础、交换不发达的前资本主义社会，奴隶社会、封建社会都存在着人身依附关系；②人对物的依赖——以市场交换、市场经济为基础的社会，资产阶级社会是这一阶段的典型形式；③人的自由全面发展——以“建立在个人全面发展和他们共同的社会生产能力成为他们的社会财富这一基础上的自由个性”为根本特征的社会。商品拜物教是人类社会第二大阶段——人对物的依赖阶段的特征。人对人的依赖：这对应着前资本主义社会，在这一阶段我们看到了奴隶制下的奴隶与奴隶主，中世纪封建制下的农奴和领主、陪臣和诸侯及俗人和牧师，人身依附本身构成了生产领域的特征，由此，人们在生产中的社会关系是他们本身之间的个人关系，而没有采取物之间即劳动产品之间的社会关系的外衣。自由人的联合体：联合体的总产品是社会产品，其中一部分重新用作社会生产资料，另一部分则在联合体成员之间分配。分配方式本身会随着历史发展程度而改变。比如说，马克思认为在初级阶段，采取按劳分配原则，而在高级阶段则采取按需分配。但是，无论怎样分配，人们同自己的劳动和产品之间的关系都是简单明了的，人们的劳动产品直接就是社会总产品的一部分。相反，在人对物的依赖阶段，人们的劳动产品只有取得交换价值、货币这种物的形式，才能证明自身是社会总产品的部分。

商品拜物教的根据在于资本主义的历史性的生产关系。生产的目的是价值增值，而价值及其增值只有在交换中才能实现。因此，资本主义生产必然是商品生产，并且将带来商品生产的普遍化。生产决定流通："它（商品拜物教）是属于生产过程支配人而人还没有支配生产过程的那种社会形态的。"如果说商品拜物教意味着一种人们从属于物与物的交换关系的状态："在交换者看来，他们本身的社会运动具有物的形式，不是他们控制这一运动，而是他们受这一运动控制"，那么，这种状态恰恰是因为人们在生产领域受生产过程支配，换言之，人们在生产中处于资本的支配之下。

马克思认为，在一个以商品经济为基础的物化社会中，崇拜抽象人的基督教，特别是资产阶级发展阶段的基督教，如新教、自然神教等，是最适当的宗教形式。在古亚细亚的、古代的等生产方式下，产品转化为商品、从而人作为商品生产者而存在的现象，处于从属地位，但是共同体越是走向没落阶段，这种现象就越是重要。真正的商业民族只存在于古代世界的空隙之中，就像伊壁鸠鲁的神只存在于世界的空隙中，或者犹太人只存在于波兰社会的缝隙中一样。……只有当实际日常生活的关系，在人们面前表现为人与人之间和人与自然之间极明白而合理的关系时，现实世界的宗教反映才会消失。

第四节　马克思的价值形式理论对斯密价值理论的超越

一、斯密价值理论的真实形象

斯密的《国富论》一书以财富为核心主题，致力于回答如何增加国民财富的问题。为了回答这一问题，首先需要对财富的本性作出规定。在斯密之前的重商主义者，已经将财富的本质归结为金银等贵金属，因此，全部的问题就在于如何通过贸易顺差实现金银的净流入。斯密反对这种观点，认为财富的源泉是劳动，财富由劳动产品构成。从这一前提出发，斯密把增加财富的问题转换为如何增加劳动产量的问题。增加劳动产量可以从两个层面来理解：在劳动者数量既定的前提下，增加劳动产量需要通过增加单位劳动的生产力来实现；在单位劳动生产力既定的前提下，需要通过增加劳动者数量来实现。为了增加劳动生产力，就需要进行分工。但是分工一开始就预设了交换，对于市场上的交换而言，首先要解决的一个问题就是交换应该以怎样的比例展开。交换的比例取决于不同商品各自的价值量。这就引出了讨论价值与交换价值的必要性。事实上，价值也好、交换价值也好，本质上表明了自然属性完全不相同的物具有同质性。这种同质性既是自然属性完全不同的物进行交换的前提，也是用一个共同的第三者（交换价值）来衡量它们各自价值的前提。

价值理论所要解决的核心问题是把握价值的内在决定因素，从而为确立合适的商品交换比例奠定基础。在此意义上，劳动价值论意味着下述命题：商品的交换比例取决于各自所包含的劳动数量的比例。事实上，古典政治经济学的价值理论主要就是围绕着价值如何被决定的问题展开的。斯密写道："为了探讨支配商品交换价值的原则，我将努力阐明以下三点：第一，什么是交换价值的真实尺度，换言之，构成一切商品真实价格的，究竟是什么？……"①这里，斯密所说的第一点，实际上包含着两个性质十分不同的问题。正如布劳格所言："这混淆了两类非常不同的问题：一是什么是价值的最好尺度？二是什么决定价值？第一篇第5章说明了第一个问题；第一篇第6章和第7章解决了第二个问题。为了明确起见，这两条线索的考察必须被严格区分。"②如果我们承认价值理论关乎的是价值决定而非价值尺度的问题，那么，依照布劳格的上述观点，斯密的价值理论就并非出现在《国富论》第一篇的第5章，而只可能出现在第6章和第7章。但问题在于，在《国富论》的第6章和第7章中，斯密主要建立的是收入价值论，而我们所能找到的支撑劳动价值论的相关论述基本上都是出现在第5章。因此，仔细考察，布劳格的观点实际上否定了斯密的价值理论是劳动价值论。

熊彼特也强调把劳动作为价值尺度与把劳动作为价值的决定因素并不是同一件事。他写道："实际上，以劳动本身的价值绝不变动为理由或出于任何其他理由，选择劳动时数或天数作为表示商品价值或价格的单位，并不等于交换价值或价格理论，正如选择牛作为表示商品价值或价格的单位并不等于提出了交换

---

① ［英］斯密：《国民财富的性质和原因的研究》，郭大力、王亚南译，商务印书馆2010年版，第25页。
② ［英］马克·布劳格：《经济理论的回顾》，姚开建译校，中国人民大学出版社2018年版，第21页。

价值或价格理论那样。……所以我们可以得出这样的结论，即尽管斯密强调了劳动这一因素，但他的价值理论根本不是劳动价值理论。”[①]换言之，熊彼特在这里明确反对把斯密的价值理论概括为劳动价值论。布劳格和熊彼特从斯密的论证结构和整体逻辑出发，试图证明斯密的价值理论是收入价值论。除此之外，我们发现，斯密整个《国富论》的写作语境也表明了他的价值理论不能被概括为劳动价值论。在《国富论》中，斯密明确区分了原始野蛮状态和文明状态，而他所要研究的对象是处于文明状态中的商业社会。从这一点出发，可以判定，斯密写作语境显然不是原始野蛮状态而是文明状态，显然不是简单商品交换而是资本主义条件下的商品交换。因此，他的价值理论致力于揭示的绝非是原始野蛮状态下的价值规律而只能是文明状态下商业社会的价值规律。我们看到，斯密在《国富论》第一篇第 6 章明确规定了劳动价值论的适用范围：劳动价值论只适用于原始野蛮状态，而不适用于土地私有和资本积累的商业社会状态。

以上的分析使我们对斯密劳动价值论的传统形象产生质疑，但是，这是否意味着斯密的论述中没有包含劳动价值论的纬度？事实上，尽管布劳格和熊彼特都否认可以用劳动价值论概括斯密的价值理论，但他们也都承认斯密的某些论述暗示出了劳动价值论。准确地说，他们认为斯密的价值理论存在着自相矛盾和模糊不清之处。正是在第一篇第 5 章这一讨论交换价值尺度的部分，我们可以找到种种暗示劳动价值理论的表述。斯密明确指出：“一个人占有某物，但不愿自己消费，而愿用以交换他物，对他来说，这货物的价值，等于使他能购买或能支配的劳动量。”[②]紧接着这段话之后，斯密又谈道：“任何一个物品的真实价格，即要取得这物品实际上所付出的代价，乃是获得它的辛苦和麻烦。”[③]综合这两段话的表述来看，斯密在这里实际上提出了两种不同的劳动价值论：一种认为价值取决于所能支配的劳动；另一种认为价值取决于所耗费的劳动。正是这些表述使得李嘉图将斯密的价值理论定位于劳动价值论，并指出斯密的主要问题在于混淆了所耗费劳动和可支配劳动。

---

① [美]熊彼特：《经济分析史》第 1 卷，朱泱等译，商务印书馆 2017 年版，第 294—295 页。

② [英]斯密：《国民财富的性质和原因的研究》，郭大力、王亚南译，商务印书馆 2010 年版，第 26 页。

③ [英]斯密：《国民财富的性质和原因的研究》，郭大力、王亚南译，商务印书馆 2010 年版，第 26 页。

在斯密看来，商品经济发展的不同阶段同时也意味着价值决定方式的变革。在简单交换的条件下，交换价值的决定因素可以被归结为劳动。但是，这一结论一旦遭遇到土地私有和资本积累的资本主义状况，就立即不再适用了。于是，斯密不得不抛弃劳动价值论，转而去构建适应新的条件的价值理论——收入价值论。但是，斯密的庸俗性体现在他没有去深入探究商品价值分解为三种收入的原因，而只是从工资仅只作为商品交换价值的一部分这一事实出发，试图构建一种与这样的结果相适应的价值理论。于是，他就得出结论，价值不再决定于劳动而是决定于收入。总之，以上的分析表明，斯密的价值理论内部存在着双重矛盾：首先是劳动价值论内部由可支配劳动和所耗费劳动带来的矛盾，其次是劳动价值论与收入价值论的矛盾。至于这双重矛盾的根源，我们可以借助马克思的批判视角予以澄清。

二、斯密价值理论双重矛盾的根源

在对斯密价值理论双重矛盾的根源展开分析之前，首先需要回答的问题是，为何恰恰在斯密这里劳动价值论传统走出了关键性的一步。某种意义上，可以将从重商主义到重农主义再到斯密的发展视作是遵循"正、反、合"逻辑的辩证发展过程。重商主义仅仅停留于流通领域，其对利润的说明也是从流通的角度展开的。重农主义带着对重商主义的激烈反对，将分析的重点转向了生产领域，但却是一个可以脱离流通、交换来单独考察并且不以人和人的交换为前提的领域。这个领域就是农业领域。斯密的重大功绩在于，首次完成了对生产领域与流通领域的综合，在斯密那里，分工与交换是互为前提的，这是一次虽然不完美但却值得肯定的尝试。斯密的分析重点是产业资本。对于产业资本而言，生产与交换缺一不可，前者关乎的是剩余价值的生产，后者则关乎剩余价值的实现。这种综合构成价值理论建立的前提，价值问题无疑是一个流通领域的问题，但对于价值的科学分析却必须从生产领域入手才能完成。

斯密价值理论的第一重矛盾在于，同时将可支配劳动与所耗费劳动作为决定商品价值的因素。为何会出现此种矛盾？借助马克思在剩余价值学说史中的分析,可以发现,这背后的深刻基础在于,斯密混淆了价值和交换价值。斯密在《国富论》中讨论价值问题时,主要是从使用价值和交换价值两个层面展开的。他写道:"应当注意,'价值'一词有两个不同的意义。它有时表示特定物品的效用,有时又表示由于占有某物而取得的对他种货物的购买力。前者可叫作使用价值,后者可叫作交换价值。使用价值很大的东西,往往具有极小的交换价值,甚或没有。交换价值很大的东西,往往具有极小的使用价值,甚或没有。"①这表明,斯密要么是从使用价值的意义上理解价值,要么是从交换价值的意义上理解价值。由于斯密的分析重心在于确立商品交换的比例,所以对于交换价值的探讨自然而然占据了斯密分析的重心。

当斯密将价值理解为交换价值时,用所能支配或换得的劳动来解释价值就是再自然不过了。而当斯密就价值本身来谈价值时,他又凭着正确的直觉将价值规定为由耗费的劳动决定。马克思指出:"亚当·斯密著作中的上述矛盾以及他从一种解释方法到另一种解释方法的转变,是有更深刻的基础的(李嘉图发现了斯密的矛盾,但没有觉察到这个更深刻的基础,没有对他所发现的矛盾做出正确的评价,因此也没有解决这个矛盾)。"②这里,之所以说李嘉图发现了斯密的矛盾,是因为李嘉图已经明确对可支配劳动和所耗费劳动做出了区分。如果说价值和交换价值的二重性是可支配劳动和所耗费劳动的二重性的根源,那么,对可支配劳动和所耗费劳动的区分也将能够引导李嘉图对价值和交换价值做出区分。正如陈岱孙所言:"李嘉图明确地区别了耗费的劳动和购买的劳动,从逻辑推理上说,他本应可能区分出价值和交换价值。但实际上他仍然混淆了这两个概念,没有从交换价值抽象出价值来。"③总之,要想真正克服这种二元论,关键在于区分价值与交换价值。需要指出的是,斯密之所以能够对这种明显的矛盾视而不见,也是因为在简单交换的条件下,商品所耗费的劳动与其所能支配或换得的劳动在量上是同一的。"在这种社会状态下,劳动的全部生产物都属于劳动者自己。一种物品通常应可购换或支配的劳动量,只由取得或生产这物品一般

① [英]斯密:《国民财富的性质和原因的研究》,郭大力、王亚南译,商务印书馆 2010 年版,第 25 页。
② [德]马克思:《剩余价值理论》第 1 册,人民出版社 1976 年版,第 48 页。
③ 陈岱孙:《从古典经济学派到马克思:若干主要学说发展论略》,商务印书馆 2016 年版,第 77 页。

所需要的劳动量来决定。”[①]既然斯密将劳动价值论的适用范围限制在原始野蛮状态或简单交换条件下，那么，斯密并未感觉到所耗费劳动和可支配劳动的矛盾之处也是可以理解的。

斯密价值理论的第二重矛盾根源在于未能区分劳动价值与劳动力价值。由于这种混淆，斯密不得不放弃在讨论商品真实价格与名义价格时若隐若现的劳动价值论，转而接受一种收入价值论。对此，马克思评论道：“斯密的巨大功绩在于：他正是在第一篇的几章（第6、7、8章）中……总之，转到剩余价值的起源问题的那几章中，就已经感觉到出现了缺口：他感觉到——不管他所不理解的中介环节是怎样的，——从结果看，规律实际上是失效了：较大量的劳动同较小量的劳动相交换（从工人方面说），较小量的劳动同较大量的劳动相交换（从资本家方面说）。”[②]这里，马克思所说的斯密不理解的中介环节实际上就是指对于劳动价值和劳动力价值的混淆。具体而言，对劳动价值与劳动力价值的混淆将会带来如下几重后果：①如果坚持劳动价值论，那么，商品的价值应该等同于劳动本身的价值，由于斯密将工资（劳动力价值）等同于劳动价值，因此必然陷入商品价值大于劳动价值的困境中。②如果坚持劳动价值论，那么，等价交换就意味着等量劳动的交换，但是在土地私有和资本积累的情况下，资本家与劳动者的交换就会体现为不等量劳动的交换：工资所包含的劳动和劳动者提供的劳动是不等量的。但事实上，交换并不是劳动与工资（可变资本）的交换，而是劳动力商品与工资（可变资本）的交换。如果理解到这一点，那么就不会陷入不等量劳动交换的矛盾中，也不会陷入价值规律自我否定的矛盾中。③上述所谓不等量劳动交换也透露出耗费劳动与换得或购得劳动的不一致性，这样一来斯密关于劳动价值论的两种说法的矛盾也就暴露出来了。以上三重后果共同构成了斯密放弃劳动价值论转而拥抱收入价值论的理由。

借助于马克思的批判性视角，我们得以澄清斯密何以会在价值理论上陷入双重矛盾。如果说以斯密、李嘉图为代表的古典政治经济学的价值理论，其缺陷

---

① ［英］斯密：《国民财富的性质和原因的研究》，郭大力、王亚南译，商务印书馆2010年版，第43页。

② ［德］马克思：《剩余价值理论》第1册，人民出版社1976年版，第66—67页。

在于未能区分价值与交换价值、劳动力价值与劳动价值。那么，对于马克思而言，一种能够克服种种内在矛盾、实现理论的一贯性的价值理论，必然要建立在对价值与交换价值、劳动力价值与劳动价值的明确区分之上。事实上，当马克思提出要将价值作为研究的对象时，就意味着马克思首次从交换价值抽象出了价值本身，从而也就完成了对于价值与交换价值的明确区分。这就进入了价值形式理论的范围。

三、马克思对斯密价值理论的超越

斯密乃至于整个古典政治经济学的价值理论都可以被看作是马克思价值形式理论的前史。马克思所开辟的新的理论视阈在于：从对价值量的研究转向对价值质的研究，从对价值内容的研究转向价值形式的研究。当古典政治经济学仍然主要在交换价值的意义上理解价值时，马克思首次将分析的重点从交换价值转向价值本身。交换价值反映了交换的比例关系，与这种对交换价值的关注相适应的是对价值量的考察。相反，价值则代表着劳动产品在质上同一性，它构成了对劳动产品在量上相互比较的前提。从交换价值向价值的转变表明，马克思开始深入到交换比例表象之下的深层次现实——价值形式。通过对《资本论》第一卷的仔细研究可以发现，马克思在价值形式的阐述上曾倾注了大量精力。当熊彼特、庞巴维克等人仅仅将《资本论》商品章的第三节——价值形式理论——看作是一个附带的论证或者作为对前两节已经被推导出的结论的"辩证的"修饰时，马克思有力地警告道："以货币形式为完成形式的价值形式，是极无内容和极其简单的。然而，两千多年来人类智慧对这种形式进行探讨的努力，并未得到什么结果……在浅薄的人看来，分析这种形式好像是斤斤计较于一些琐事。这的确是琐事，但这是显微解剖学所要做的那种琐事。"①

无疑，斯密的价值理论确立了抽象劳动的原则，但在马克思看来，这仅仅只是把握到了价值规定的内容。在《商品的拜物教性质及其秘密》一节中，马克思

① [德]马克思：《资本论》第1卷，人民出版社2004年版，第7—8页。

区分了价值规定的形式和价值规定的内容。他写道:“可见,商品的神秘性质不是来源于商品的使用价值。这种神秘性质也不是来源于价值规定的内容。因为,第一,不管有用劳动或生产劳动怎样不同,它们都是人体的机能,而每一种这样的机能不管内容和形式如何,实质上都是人的脑、神经、肌肉、感官等的耗费”①,这里,表现为“人的脑、神经、肌肉感官等的耗费”的劳动恰恰是指抽象劳动。换言之,价值规定的内容是抽象劳动。但是,如果商品的神秘性质不是来自价值规定的内容,那么,它来自什么呢?马克思紧接着给出了答案:“可是,劳动产品一旦采取商品形式就具有的谜一般的性质究竟是从哪里来的呢?显然是从这种形式本身来的。”②这里,商品形式与价值形式是同义词,都是指与使用对象性相区分的价值对象性。事实上,正是这种价值对象性使得劳动产品获得了商品形式。既然商品世界的秘密只有在分析价值形式的基础上才能被揭示,那么对马克思而言,对价值形式的分析自然就成了理论研究的重点。

需要指出的是,马克思所谓的价值形式是具有歧义性的,大体上可以从两个层面来理解:一个层面是指与使用对象性相区分的价值对象性本身,这种对象性在价值关系中得到确证;这一层面的价值形式实际上指的是价值的质,这正好与古典政治经济学对价值量的过分关注形成鲜明对比。马克思的伟大功绩在于,他从价值关系中发现了价值表现,正是在后者中,我们可以把握到另一个层面的价值形式——价值表现形式,无论是简单价值形式、总和的价值形式还是一般价值形式,实质上都可以看作是价值表现形式的一种。以简单价值形式为例,其本身可以区分相对价值形式和等价形式。这种区分完全是根据商品在价值表现中的地位来确定:前者是价值被表现的商品所具有的形式,后者则是表现价值的商品所具有的形式。就第二个层面的价值形式亦即价值表现形式而言,可以看到,马克思的分析始终贯彻着历史与逻辑相统一的原则。关于简单价值形式,他写道:“很明显,这种形式实际上只是在最初交换阶段,也就是在劳动产品通过偶然的、间或的交换而转化为商品的阶段才出现。”③关于扩大的价值形式,则

① [德]马克思:《资本论》第1卷,人民出版社2004年版,第88页。
② [德]马克思:《资本论》第1卷,人民出版社2004年版,第89页。
③ [德]马克思:《资本论》第1卷,人民出版社2004年版,第82页。

是:"扩大的价值形式,事实上是在某种劳动产品例如牲畜不再是偶然地而已经按照习惯同其他不同的商品交换的时候,才出现的。"①最后,随着价值表现形式辩证发展历程的推进,一般价值形式作为商品世界共同活动的结果出现了。一方面,价值表现形式本身的辩证发展反映了商品经济发展的历史进程。资本主义不构成商品经济的全部历史,但却是其最发达的阶段。正是在资本主义生产方式下,商品生产取得了统治地位,获得了普遍性。另一方面,由于价值对象性只有通过另一个商品才能表现出自身,所以价值对象性形式与价值表现形式处于一种互为前提的关系中。尽管我们可以区分出价值形式的这两个层面,但是,不应忽视它们的内在联系。

在马克思看来,古典政治经济学之所以始终停留在对价值内容的分析上,而无法达到对价值形式的分析。关键原因在于,古典政治经济学试图为资本主义制度的永恒性、自然性做辩护:"劳动产品的价值形式是资产阶级生产方式的最抽象的、也是最一般的形式,这就使资产阶级生产方式成为一种特殊的社会生产类型,因而同时具有历史的特征。"②换言之,劳动产品的价值形式作为一种普遍的、抽象的形式,恰恰凸显出资产阶级生产方式的历史性。既然古典政治经济学已经将这种生产方式视作是自然的、永恒的,那么,它自然是要回避对价值形式的分析的。事实上,价值形式本身的存在以商品经济为其基础。这意味着,价值形式本身是历史性的,在商品经济之前的自然经济中不存在价值形式,同样,在商品经济被共产主义所取代之后的社会里,价值形式也是不存在的。在马克思看来,资本主义生产方式意味着商品生产达到了普遍性,从而也就为科学的解剖价值、交换价值等范畴提供了可能性。不过,虽然价值范畴本身是历史性的,但它对于受商品生产关系束缚的人们来说却具有某种自然形式的固定性,换言之,"对于历史上一定的社会生产方式即商品生产的生产关系来说,这些范畴是有社会效力的、因而是客观的思维形式"③。

总体来看,《资本论》第一卷关于商品的章节对价值问题的思考表现出层层

① [德]马克思:《资本论》第1卷,人民出版社2004年版,第82页。
② [德]马克思:《资本论》第1卷,人民出版社2004年版,第99页。
③ [德]马克思:《资本论》第1卷,人民出版社2004年版,第93页。

深入的递进逻辑。从交换价值到价值，从价值到抽象劳动，然后再回过头来对价值形式或交换价值进行深入分析。在这一部分，价值本身的存在通过一个商品对另一商品价值的表现而得到确证。但是，价值表现形式仍然是物与物的关系，对马克思来说，分析进展到这里仍然是不够的。于是，以“商品的拜物教的性质及其秘密”为题的第四节力图将物与物的关系追溯到人与人的社会关系，与此相适应的是，价值作为物的属性被追溯到劳动本身的社会性。这里的关键之处在于，马克思的价值形式理论试图对那种作为“形成价值的”劳动的历史社会构造进行追问。而只有把握到了“形成价值的”劳动与商品生产这一特定历史社会构造的内在关联，才有可能回答如下问题：“为什么劳动表现为价值，用劳动时间计算的劳动量表现为劳动产品的价值？”①当斯密乃至后来的李嘉图把价值的本质确立为抽象劳动之后，对马克思而言，价值理论的主要工作还尚未展开。事实上，价值形式的辩证法，就是资本主义商品生产社会的内在矛盾如何必然以价值形式的逻辑发展展现出来的过程。正是因为忽视了价值形式理论，后来的研究者往往只是以一种粗糙地化简了的和常常是以完全走样的形式引用或批判马克思的劳动价值论，并由此错失了这一理论的批判意图。而一旦我们把握到这一点，就能超出“经济学”阐释的限度，从而也就可以写下如下的断言：商品分裂为使用物和价值物这一事实，只能用社会劳动的自我分裂和自我矛盾来说明。因此，对于社会劳动本身首先应当从他的矛盾中去理解，然后用排除这种矛盾的方法在实践中使之革命化。同样，自从在劳动中发现了价值的秘密之后，劳动本身就应当在理论上受到批判，并在实践中受到革命改造。

第五节　作为异化的积极扬弃的共产主义

一、恩格斯《国民经济学批判大纲》的启发

恩格斯首先指出国民经济学的第一阶段货币主义本身是商业扩展的自然结

① ［德］马克思：《资本论》第1卷，人民出版社2004年版，第98页。

果，这一阶段的基本主张是：财富即金银，因此，全部的目的就在于输入金银，并同时禁止金银的输出。但是，如果完全彻底实行这个原则，那就会葬送商业。人们终于意识到，应当在流通中使得资本增值，于是有了重商主义体系的建立。这一体系的基本主张是实现贸易顺差，为了达到这一目标，它要求奖励输出并阻抑输入。18 世纪出现了经济学的革命，自由放任的经济主张相比于之前的重商主义，实现了巨大的飞跃。然而，它同时又陷入到了对立的状态中："因此，新的经济学只前进了半步，它不得不背弃和否认自己的前提，不得不求助于诡辩和伪善，以便掩盖它所陷入的矛盾，以便得出那些不是由它自己的前提而是由这个世纪的人道精神得出的结论。"①这里，恩格斯批评的对象正是斯密，斯密所陷入的矛盾在于：一方面，从一种虚构的前提出发，得出了劳动是价值的真实尺度；另一方面，从私有制的前提出发，得出了劳动只是商品价格或价值构成的一个微不足道的部分。但是，在斯密的时代，经济领域的矛盾并不明显。随着资本主义的发展，矛盾在李嘉图、麦克库洛赫、穆勒等人面前表现得十分明显，以至于他们不得不提高自身的诡辩术才能适应时代。

在对国民经济学的发展历程做了简单回顾之后，恩格斯指出，重商主义与自由主义经济学分享着共同的前提——私有制，应当"批判这两种体系的共同前提，并从纯粹人的、普遍的基础出发来看问题，才能够给这两种体系指出它们的真正的地位"②。所谓从"人的、普遍的基础"出发，意味着超越私有制的狭隘性，实现人的自由。现存的私有制所导致的恰恰是"现代奴隶制度"，并且与自由的人性截然对立。恩格斯接着将私有制与商业、竞争、人与人的相互敌视联系起来，认为私有制所产生的最直接的结果是商业（买卖），反过来说，没有私有制，商业是无法想象的。重商主义与自由经济学的区别，被认为是垄断与自由竞争的区别。但在恩格斯看来，自由经济学只要它仍然以私有制为基础，它就是建立在最大的垄断的基础上，私有制就是这种垄断。另外，自由竞争必然会导致垄断，而垄断也必然会转化为自由竞争。因此，双方都将失败，而双方所面临的种种困难，只有在消灭了产生这双方的原则时才能消除。总之，恩格斯明确提出了消灭

① 《马克思恩格斯全集》第 3 卷，人民出版社 2010 年版，第 443 页。

② 《马克思恩格斯全集》第 3 卷，人民出版社 2010 年版，第 445 页。

私有制的主张，也就意味着既要超越自由主义经济学，同时要超越重商主义。恩格斯要求消灭私有制的主张，极大地影响了马克思在《1844年经济学哲学手稿》的写作，我们看到，马克思所提出的共产主义即是用扬弃私有财产来定义的。

另外，马克思、恩格斯对私有财产的批判都可以看作是对市民社会的利己主义精神的批判的深化。资产阶级的利己主义本质，根植于资本主义私有制。在遭遇物质利益困惑之后，马克思意识到利己主义背后的现实基础即是私有制。1844年当马克思展开政治经济学批判时，即已自觉地将私有财产批判看作是从属于它的一个主题。如前所述，马克思私有财产批判的主要之点即在于将私有财产的本质追溯到异化劳动，从而将批判转换为对异化的批判。但对异化的批判并不是孤立的，而是与其已经初步形成的唯物主义立场有着密切的关系。按照阿维纳瑞的看法："马克思的探讨涉及普遍的哲学意义的问题，而关于异化劳动的比较的某些观点只有在更加广泛的背景下才是有意义的。马克思对黑格尔探讨异化问题所作的批判重申了他对唯心论哲学的普遍批判，并且他的唯物论就是从异化问题的这种讨论中诞生的。因而，他的异化观和他的唯物论是不可分离的。"①这意味着马克思是在唯物论的基地上重新为异化概念赋予内涵的。但是，唯物主义如果仅仅停留在关于人的本质的预设基础上，必然是抽象的，只有通向历史的领域，唯物主义才能上升为唯物史观，异化劳动的批判才能转换为历史批判。这就要求深入异化劳动必然生成的历史性条件和机制。我们看到，斯密的国民经济学恰恰是从抽象性上来理解劳动的，因而他不可能真正深入历史性的维度中。

二、三种形式的共产主义

尽管马克思已经用扬弃私有财产对共产主义的本质内涵给出了界定，但是，仍然存在的问题是，这种扬弃如何可能？事实上，"扬弃"本身就是黑格尔特有的术语，泰勒指出："这是黑格尔提出的关于辩证飞跃的一个术语。在辩证飞跃过

① [以]阿维纳瑞：《马克思的社会与政治思想》，张东辉译，知识产权出版社2016年版，第108页。

程中，一个较低阶段在一个较高阶段中既得到了废除又得到了保留。”[①]这里，对黑格尔术语的使用表明马克思已经在有意识地引入辩证法来思考私有财产扬弃的问题。根据辩证法的原则，矛盾是从一个阶段走向另一个阶段的根源，并且构成一切运动的动力。于是，扬弃私有财产的关键就在于把握私有财产自身蕴含的矛盾。马克思在讨论“私有财产的关系”时开启了这一工作，在他看来，“私有财产的关系潜在地包含着作为劳动的私有财产的关系和作为资本的私有财产的关系，以及这两种表现的相互关系”，而这些关系必定经历以下几个环节：“第一，二者直接的或间接的统一；第二，二者的对立；第三，二者各自同自身对立。”[②]第一个环节对应着所谓的古典古代时期即劳动者同时是土地所有者的时期以及奴隶社会与封建社会时期；第二个环节对应着资本主义时代的劳动与资本相互对立的时期；第三个环节从历史分期上是与第二个时期重叠的，但区别在于劳动与资本各自同自身对立实际意味着劳动与资本的矛盾关系，因为自身对立即意味着对立统一，从第二环节到第三环节表明马克思已经将目光从对立关系转向了矛盾关系。

不过，在讨论“私有财产的关系”时，马克思并未明确使用矛盾概念。而在正面讨论共产主义的部分，论述则首先从区分无产同有产对立与劳动同资本的矛盾开始的，这是马克思首次用矛盾概念来界定劳动与资本的关系：“但是，无产和有产的对立，只要还没有把它理解为劳动和资本的对立，它还是一种无关紧要的对立，一种没有从它的能动关系上、它的内在关系上来理解的对立，还没有作为矛盾来理解的对立”。这里，所谓的“内在关系”即是指私有财产的内在关系，无论是劳动还是资本都属于私有财产的物质内容，因此，劳动与资本的矛盾同时也是私有财产自身的内在矛盾。在这个意义上，马克思的断言：“自我异化的扬弃同自我异化走的是一条道路”，不过是在说矛盾的展开与矛盾的扬弃走的是一条道路。

但是，私有财产和异化劳动的扬弃具有不同的层次，与之相应，共产主义也

---

① [加]查尔斯·泰勒：《黑格尔》，张国清、朱进东译，译林出版社 2012 年版，第 164 页。

② 《马克思恩格斯全集》第 3 卷，人民出版社 2010 年版，第 283 页、288 页。

可以划分为粗陋的共产主义、政治性质的共产主义以及真正的共产主义。首先，粗陋的共产主义是私有财产关系的普遍化和完成。它要求对物质财富的平均占有，与之相应，所有人都从属于工人这个范畴。在一种极端的情况下，普遍的私有财产甚至以公妻制的形式表现了出来。总之，粗陋的共产主义不过是从想象的最低限度出发的平均主义的完成。马克思指出，这种共产主义甚至没有达到私有财产的水平，因此，这种对私有财产的扬弃绝不是对于私有财产的真正的占有。其次，共产主义在其第一阶段即社会主义的阶段仍然保留了政治性质，并且处于通向废除国家的途中。这种共产主义对于自己的使命有着清晰的自觉，但在实际的社会主义实践的过程中却走向片面否定私有财产的极端。在这个意义上，马克思指出，这种共产主义虽然理解私有财产的概念，但却不理解它的积极的本质。那么，什么是私有财产的积极本质呢？毫无疑问，这一积极的本质即是人类本质力量的对象化，正是劳动的过程使得人的本质丰富性得以展开，使人的需要得以满足。马克思将私有财产的运动看作是迄今为止全部生产的运动的感性展现，与之相应，人的解放本身即是私有财产之扬弃的历史过程。由于劳动在资本主义条件下取得了异化的形式，因而，这种展开与满足均是在异化的范围内实现的。因此，问题的关键在于克服异化的形式，从而真正的扬弃私有财产。那种仅仅从私有财产概念出发的扬弃路径则要求从私有转向公有，这表明它仍然受到私有财产的束缚和感染。最后，马克思正面阐述了他所谓共产主义的本质规定："共产主义是私有财产即人的自我异化的积极的扬弃，因而是通过人并且为了人而对人的本质的真正占有；因此，它是人向自身、向社会的即合乎人性的人的复归，这种复归是完全的，自觉的和在以往发展的全部财富的范围内生成的。"[①]在接下来的论述中，马克思进一步细化了对于共产主义图景的描绘，并由此引申出了"社会"概念。在马克思看来，社会是人与自然的统一，是自然的复活同时也是人的自然主义的完成。其次，共产主义意味着人的一切感觉和特性的彻底解放。换言之，扬弃私有财产具有审美的意义，并因而成为人的解放的内在要求。在私有财产的条件下，人的感觉被归结为单纯的拥有，而共产主义使人的

① 《马克思恩格斯全集》第3卷，人民出版社2010年版，第297页。

感觉的丰富性得以展开。但是，这种感觉的形成却有赖于对象的存在或者说人化自然界的存在。在这个意义上，共产主义同时意味着思维与存在、唯心主义与唯物主义的统一。迄今为止的历史已经使人的对象化的本质力量以感性的、异化的形式呈现在我们面前，因此，历史留给我们的任务是透过对象化的存在去把握人的本质力量。最后，共产主义是从人和自然界的实在性出发的，如果说私有财产是对人与自然（劳动的客观条件）统一的否定，那么，共产主义就是对这种否定的否定。因此，作为一种辩证运动的结果，它将是对下一阶段历史来说必然的环节。

尽管在对私有财产的分析中已经包含着对其否定意义的分析，但马克思更加看重的是对私有财产的积极扬弃，这种扬弃同时也是对私有财产的肯定。"对私有财产的积极的扬弃，就是说，为了人并通过人对人的本质和人的生命、对象性的人和人的作品的感性的占有，不应当仅仅被理解为直接的、片面的享受，不应当仅仅理解为占有、拥有。人以一种全面的方式，就是说，作为一个总体的人，占有自己的全面的本质。"①人对私有财产的支配，如果置于上述总体性，则是合理而自由的，而私有财产真正成为其对象性的确证。但问题在于，私有财产必然要求巩固自身，这就会带来私有制。而在私有制的条件下，一个对象只有当它为我们拥有的时候，它才被看作是我们的。马克思对私有制的否定态度是十分明显的，他不想为私有制的合法性进行辩护，这也是其不同于国民经济学家的立场。总之，马克思强调对私有财产的积极扬弃，这种积极扬弃也即共产主义。

① 《马克思恩格斯全集》第3卷，人民出版社2010年版，第288页。

第四章　经济人与符号人:消费社会的经济哲学反思

第一节　如何面对一个更“轻”的世界?

当代法国哲学家吉勒·利波维茨基所著的《轻文明》,是过去十余年间继《超级现代时间》《空虚时代:论当代个人主义》《责任的落寞:新民主时期的无痛伦理观》《永恒的奢侈》几部专著之后,作者对我们时代的精神状况所做的又一次细致分析。

对于中国来说,地处遥远欧洲的法国一直是具有重要影响和参照意义的神奇存在。百余年来,国人怀着极大好奇,从观察和理解法国的方方面面中观照中国的现代化进程,从法国大革命的研究中寻求镜鉴,从法国重农学派的形成中溯源中国经济思想。直至今日,法国的产业结构特别是其小农传统、法国的文化结构特别是其左翼传统以及法国的民族多元融合问题、社会治理问题,都与当代中国发展构成某种映射关系。同样,利波维茨基在本书中以法国为例,详细描摹的当代社会思潮的某些新变化,也正在当代中国初露端倪。

用一个绝妙的“轻”字来概括我们所处的时代,利波维茨基并非第一人。米兰·昆德拉在1984年出版的《不能承受的生命之轻》中提出:“轻与重的矛盾是所有矛盾中最深奥、最模糊的。”更早的是先知般的尼采,他在20世纪即将来临之际就告诉人们,“美好之物是轻盈的,一切神圣皆以灵巧之足奔跑”,“只有一个东西是必须拥有的，要么是一种天生的轻的精神，要么是一种由艺术和科学创造出来的轻的精神”“自由的思想是轻生活的神”。

文明当是一种厚重的积淀，何以言轻呢？这里不妨沿《轻文明》的研究路线，不急于建构一个宏大的理论体系，且从技术、经济、生活、文化、伦理、政治六个维度，对“轻”的精神现象做一番考察巡礼。

一、技术之轻——去物质经济

经济地理有一个专有概念叫作“区位”。有一种区位优势就是产品轻薄短小，技术含量和附加值高，适宜发展空运，不受本地市场规模和范围的制约。从经济上看，其结构是由高度依赖重型设备和重化工业逐渐转向以注重大众消费、家庭消费为主的轻工业和服务业。从技术上说，这种轻型化就是一种减量化、微型化、非物质化。正如我们购买笔记本电脑、U 盘、iPAD 等电子设备时，追求的一个重要因素是“轻轻益善”。

尽可能创造体积更小、重量更轻、用料更省、阻滞更小的产品，小即是美(small is beautiful)的轻原则深入人心。“凝结在商品中的无差别人类劳动”的复杂程度、集成水平、技术含量与日俱增，新材料、数字技术、纳米和生物技术的应用，使变轻、变小、去物质化的风潮席卷全球。

不过，去物质化的过程本身，却消耗大量的物质，对自然资源的需求相当巨大，甚至会出现“反弹效应”。比如，制造一个重 2 克的集成电路需要消耗比最终产品重 630 倍的辅料，数字技术并没有减少物理运输和某些材料的消耗。在这个意义上，轻与重并非决然对立，而是轻受惠于重，非物质性的光鲜亮丽根本上得益和归功于物质的进一步挖掘——对地球深处的天然材料和矿物的开发，而采矿业本身是重的甚至是超重的。

二、经济之轻——消费社会

在至多几个世纪以来的现代化进程中，通过政府的政策来履行“给你幸福”

的许诺,开启一个个宏大的现代性工程和救赎性计划,一种乐观的、进步主义的历史哲学成了我们的主流叙事。工业革命以来,在技术与经济的联袂推动下,逐渐减轻基本物质需求的束缚,在以经济增长为中心、高歌猛进并付出巨大社会代价和阶层分裂之后,致力于为生活减速和减负。20 世纪 50 年代后,福利社会的建构、大众消费主义成为现代社会的标准配置。信息技术革命则把这一减负的古老事业推到了新的高度。

这是一个产品极大丰富、生产大量过剩、商品严重堆积的消费社会。消费社会中物对人的包围,呈现出立体式、全方位的特点。所谓立体式,意味着物以全套或整套的形式存在,一件物品的购买让消费者产生连锁心理反应,使其关联性地从一个商品走向另一个商品。购买一款名牌西装的同时,必须连带购买与之匹配的衬衣、领带和皮鞋等,这不是为了实用,只是为了意义的完整和齐备。经济学里把这叫作互补性商品。所谓全方位,意味着一种跨越不同领域的消费航母。正如加载集聚了影院、书城、儿童游乐等功能的商圈,往往要甩出传统的购物一条街模式"几条街"一样,超大规模购物中心(shopping mall)掀起了商业经营方式的新浪潮,并逐渐以其购物、餐饮、休闲、娱乐、旅游等综合性经营、一站式服务和配套式环境而风靡全球。此外,各类满减、凑单、配售、剁手,多少消费假汝之名,花钱似流水,轻飘而过。

消费社会中的精神需求超越物质需求,文化与符号价值更受重视。符号商品、影像、信息等的生产也得到急速的增长。上海外滩的一个邮筒,因为明星鹿晗合影加持,引来一众粉丝纷纷前来朝拜,以至于有关部门把邮筒"封杀"。粉丝经济是消费社会的当然产物。

市场的拓展及其伟力,让一切坚固的东西都烟消云散了。神圣与崇高变得让人感到别扭,世俗化、娱乐化、时尚化,受到前所未有的追捧。各类展览、博览活动日益迎合大众的世俗化意向——车展成了模特的秀场,车却被冷落一旁。本雅明说得透彻:"世界展览为商品的交换价值涂脂抹粉。他们创造了使商品的使用价值退居后台这样一种局面。他们打开了一个幽幻的世界,人们到这里的目的是为了精神解脱。"政治热情消退,感官体验升腾,各类带有神圣光环的行业都未能免俗地堕入物的陷阱。

消费品不再追求永恒，而是加速折旧、流变、迭代。无怪乎鲍德里亚感叹："以往的所有文明中，能够在一代一代人之后存在下来的是物，是经久不衰的工具或建筑物，而今天，看到物的产生、完善与消亡的却是我们自己。"的确，物的消费呈现加速度态势，传统社会中人们可以"睹物思人"，对着一件祖传宝贝，"听妈妈讲那过去的事情"；消费社会里，人要适应物的更替迭代和新陈代谢。耐用消费品这个概念越来越成为一个滑稽的概念，电视、空调、冰箱、还是汽车？我们对上述哪一个物品的使用超过了十年？在消费社会，一些螳臂当车、顽固对抗这一加速折旧趋势的品牌，比如不识时务、耐摔耐用的诺基亚手机，则遭受了惨烈而不可逆的市场失败，这进一步加速了人对物的追逐运动的速率。

消费社会中，消费需求的异质性上升，个体被归类、编码、排序。所有关于消费的话语，都想把消费者塑造成普遍的人，而消费者却期待成为领风气之先的潮人。消费者希望通过商品消费来彰显自己的个性，定制和个性化服务日益成为消费社会的新宠。顾客是"上帝"，"上帝"却并不能随心所欲，而总是被迫做出选择。他们会在追逐时尚、"屡虐屡购"的"剁手"过程中尴尬地发现，所谓时尚，简直是实时更新的风尚，且经常会杀个猝不及防的"回马枪"，令人无所适从。想想前不久有人恶搞的年度四大时尚潮流映射的荒诞现实：洪七公的发型、赵四的西装、光头强的裤子、乾隆爷的黑鞋。正所谓天道好轮回，时尚饶过谁。

消费社会越来越从注重产品自身质量转向重视设计、外观、包装。先人概括得好，质胜文则野，文胜质则史。质朴胜于文饰是粗野的，但文饰胜过质朴则是轻浮的。消费社会之轻，正在于此。所以要在月饼盒子的装帧设计上下更大的工夫，买椟还珠在消费社会真的具有经济上的可行性。

三、生活之轻——瘦身拜物教

生活中人们对轻的追逐的重要表象，是各类冥想、瑜伽、养生、"排毒"大行其道，人们认真地对自己下手、从自己做起、做减法、断舍离——甩掉脂肪的副产品，是甩掉负能量，获得一身轻松的喜悦。

"生于 1992"而被迫"步入中年危机"，显然是一个段子。真实的情况是，"70

后”甚至都拒绝承认“人到中年”。体态与心态的“轻化”，以瘦为美和装嫩卖萌是同一桩事。现代科技的发展促成了前所未有的“人口转变”，人们的寿命延长，而千年来的各种病痛和早夭的奴役则被逐渐摆脱，我们可能正迎来一个全新的时代：老龄化不再指向一种凄凉衰朽的晚景，人们的肉体将从日常的苦痛中获得解放，无痛苦地度过一生。我们是否准备好迎接这种无痛之轻的状况？医学的普及和对人类的前置介入，可能使人生成为一场巨大的诊疗，人类成为一种“医学人类”——为生存而生活，而非为生活而生存。这看似更轻，实则更重了。

人们同时沉迷于一种客观的轻（清瘦）和主观的轻（轻松）。于是，我们看到从发达国家到发展中国家，在经济发展到某个特定阶段之后，大都出现了健身、瑜伽、太极乃至气功热。讲起来，这些运动方式都有着久远的历史渊源，但其成为潮流也就是人类摆脱饥馑和匮乏之后不久的事。健身房的功能结构与装饰布局的嬗变，最能反映这种时代之变：起先是“重工业”主导、“重金属”风格，用于力量训练的器械装置都排列在最显要的位置；随后，肌肉的形塑退居其次，相应的器械被边缘化，几乎每一个健身房的核心功能区摆放的都是成排的跑步机、骑马机，“重”的力量训练让位于“轻”的有氧运动；健身房终于从最初的健美爱好者甚或运动员的训练场所，转变为一种老少咸宜、零基础起步的“室内瘦身广场舞”地带。

从保健只是作为特定人群专享的一种泛医疗待遇或福利，发展到人人可言“保健”、可言养生；从竞技体育到群众体育再到全民健身，以至于发展到大爷大妈们和自己的孙辈争夺篮球场，轻时代全面降临。

反讽的是，这种对“轻”的全民追求，恰恰是“缺什么，补什么”的产物，强调它，只是因为我们离它太远。这种修身养性的自恋式狂热背后，不过是这个以绩效、业绩为中心的社会里，一条条劳碌命不自觉的日常反抗罢了。而这种反抗的虚假和脆弱性，也一如消费社会中的其他种种，很快湮没在数字的表象之中：明明加班“累成狗”，却倔强地发一张蓝天白云的正能量美图到朋友圈，彰显一种淡泊宁静“我很好”的状态；围绕“每天一万步”的目标“比学赶帮超”，修身养性成了廉价的行动；无论墙上挂多少张《好汉歌》《莫生气》，动怒之际瞄都不会瞄一眼。

瘦的拜物教与轻的拜物教合而为一，一种现代的野心日渐升腾：寻求命运打击不到的地方，亲手雕琢、控制、维护自己的身体。于是，多少明星大腕梦寐以求“逆生长”“飞升上神”；于是，70岁的希拉里老太太只因跌了一跤而被人百般质疑。减轻身体负担的举动反而增加了生活的负担，不能有效控制身体的人被认为缺乏自律的品质，身形就这样与人品悄然挂钩。

四、文化之轻——百无聊赖

轻文明意味着一切，唯独不代表轻松的生活。如果说，前现代的艰苦卓绝是生命不能承受之重，后现代的空虚无聊则是生命不能承受之轻。当资本主义精神渐趋宵遁，活在当下、及时行乐的想法就趁机填补了价值的真空。在精神虚无的时代依然诉诸物质资源，只能是黔驴技穷，不仅荒诞，而且自残。

告别总体性社会的宏大叙事，放逐于小时代里的小确幸，乃至寄情于消费，终归于空虚、无聊、虚无、犬儒。在漫长的人类历史上，类似的精神现象只可能出现在少数贵族身上，并最终只会在其中一部分人身上暴露出严重的问题，更常见的则是“病毒携带者”。如今，这个问题则不再是可有可无甚至可笑的“何不食肉糜”的问题。随着大部分人衣食无忧后，丰裕社会、消费社会这一亘古未有的社会变迁，将引发前所未有的精神困境和这一精神领域“富贵病”的迅速扩散。

时代主题既已转为产能过剩之后的经济危机，人们的焦虑所在也就必然转向物质过载之下的精神重荷。人们不能不追问：消费主义为世界减负，靠谱吗？以物质主义、好生活的世俗目标作为激励，就不免要面对如下三个问题：其一，这种穿了红舞鞋一般永不停歇的发展和改变究竟何以完成？其二，人类如何来适应这种快速发展？其三，商人能否描摹出精神世界的理想化替代性图景？

塞托夫斯基也曾发问：“一切（生理）需求都满足后，一切不适都消除后，机体将做什么？过去的回答是什么都不做，现在已经普遍认为这是错误的认识。烦躁是不可消除的，烦躁是伟大的杀手。”鲍曼则调侃现代社会的精神特质：“假如你心情低落，那就吃。”

吃货不可能拯救世界，消费也不可能排遣孤独。看看那些每天早晚马路上的“晨跑族”，他们的步伐多么轻盈！不，这可能只是一种假象：他们的耳朵上挂着耳机,胳膊上绑着手机。我更愿意比附“互联网＋”称这一奇景为“耳机＋”现象,无论跑步、散步、健身、购物都要加上一副耳机。在消遣的时候总要输入一些元素,否则便不觉得是在消遣,甚至觉得在浪费时间、虚耗生命。这到底是消遣还是忙碌?轻松还是沉重?

趣味的缺失是更为可怕的,事实上我们所面临的已不是“脱离低级趣味”的问题,而是趣味的品鉴本身已经成了问题。所以,当要送人礼物的时候,只得上网求助各类商城里各类专门贩卖“金点子”“鬼主意”的商铺,假手于他人为自己做选择,丧失了创意和思考的能力。物品的泛滥与趋同,使得我们无所适从,不知如何选择,既不知如何犒劳自己,也不懂如何惊喜他人。这才有各种趣味商店、创意礼品,乃至各种恶趣味、重口味。

如果深究这一紧随丰裕之后的空虚源出何处,弗洛姆的洞见不妨一观。他的一个著名论断是:人性是人的动物性降到最低点的产物。作为动物,人类是以失败者的身份一路溃败而来的。倘若人类当初是成功的猴子,那他应该继续在树上生活。可见,人类在其猴子时期,就是乏善可陈的loser(废物)。他被赶下树来,另谋生路,希望一雪前耻,做一个合格的草原动物。可是,狮子、老虎、豹子们怎么可能会容得下这个新来的废物!于是,人类的祖先继续疲于奔命地逃向平原,逃到没有人,不,是没有其他动物能够打搅他们、欺侮他们的地方,渐渐地过起了人类早期的采摘、狩猎以至农耕生活,形成一种新的文明的范式。这一路的溃逃中,每当他想利用动物的本能试图随遇而安地适应一下的时候,他都被第一时间赶出了现场。他简直成为动物界的耻辱,一切动物都羞与为伍。当他不再谋求适应,而是在走投无路之际运用自己的头脑进行创造活动时,人类诞生了。人类一路进化而来,也是一路退化而来,这一路失败的结果却是:不成功,变成人。

离开了伊甸园、舒适堡,人与自然之间不再亲密无间,主客二分的改造世界之路艰险异常。选择了这条道路,不仅要探索未知的一切,还要寻找自身的意义。人对物质的追求得到了满足,他仍会产生新的不满。所谓“不断满足人民群众日益增长的物质文化需要”,物质需要满足易,文化需要满足难。人是精神的动物,文化与精神方面的欲壑难填。如果人只需要吃饱穿暖就可高枕无忧的话,中央电视台街头采访到处提问那句“你幸福吗”，得到的应该是整齐划一的肯定答案。显然，温饱的解决并不是问题的结束，恰恰相反，人的问题刚刚由此开始。

五、伦理之轻——家庭的松动

家庭关系这一传统中具有压舱石效应的重量级关系，也正在不堪重负，出现松动的迹象。人们渴望活得自由潇洒，摆脱任何外部力量的约束，包括家庭。由此，传统的家庭生活中夫妻关系、亲子关系、代际关系出现了全面的动摇。作为轴心的夫妻关系，其基本的维系条件由“忠诚”悄然撤换为“尊重”。20 世纪 60 年代以法国的“五月风暴”为标志，“解放”运动的触角伸向家庭。

追求风流的生活模式，并非某个时代所特有。启蒙运动时期，玩乐、猎艳甚至成了所谓上流社会的时尚，不妨称之为“放荡之轻”。不过，当忠诚被宣布为可笑之物，男女之间的关系也就被等同于一场基于策略的社交游戏。真是了不起的盖茨比！这种轻，看似放浪形骸，实则要遵循一定的规则，要求表达的优雅、情感的伪装、勾引行动的完整。而另一种“酷之轻”就要求完全破除定势，无拘无束。“酷”这个貌似已经过于老土的词汇，其流行实际上并不超过半个世纪，在中国甚至还不到 30 年。

近几十年来，婚姻和家庭制度受到重重包围和挑战。有侧面的挖墙脚——从试婚、结婚、离婚、再婚、复婚的反复“试错”，人们对多线程恋情、脚踏两只船逐渐睁只眼闭只眼。神圣的殿堂似乎成了摆设，不渝的承诺变为美丽的谎言。也不乏来自正面的进攻——丁克主义乃至不婚主义异军突起，“婚活时代”这个来自日本的术语，形象地表达了一种越俎代庖的普遍焦虑，无论是父母替子女相亲，还是组织机构过问年轻人的婚恋问题，都说明家庭已由一个温馨之所变为一个避之唯恐不及的沉重负担。日本的大前研一把这种状态描绘为“低欲望社会”，年轻人不愿背负风险、承担责任，同时也对出人头地、结婚生子、成家立业等世俗欲望一并彻底心如死灰。“宅”文化、“丧”文化、“啃老”现象，也就都不难理解了。

即便是光棍节这样一个略带沉重和自嘲的节日，自其创生之日即已脱离本意,逐渐成为一场全民参与的盛大消费体验和狂欢庆典。何以解忧?唯有消费。所有的愁绪,所有的差异,都被夷平在消费的狂热之中。

不过,家庭也并没有被轻易打垮。对忠诚的信念确实在弱化,也许人们对不忠的容忍也在增加。但一经出现明星艺人的飞短流长,人们总是"舆论一律"地展示自己义愤填膺捍卫家庭价值的道义感,而结果也必定要以肇事者的低头认错、公开道歉告终。这种言行的有趣背离,也是轻婚姻时代的典型特征。

家庭关系的松动只是道德约束日渐软化、轻化和各领域全面退缩的一支先遣力量。一旦家庭中的责任底线不能坚守,其他领域的道德滑坡或相对主义必然出现。价值理性自身开始退缩,承认一切价值判断都是相对于某种有限的目的和视角而言的,不存在某种规范性论断优于其他论断的那种立场——"怎么都行"。发展至极端,便出现了否定任何终极价值和意义,因而否定任何关于我们应当如何的客观准则的犬儒主义。在市场深度嵌入的现时代,犬儒主义表现出出离世界、驳难价值、敌对文化的倾向,它拒绝反身自顾,它践行玩世不恭——因为在其看来,这世界本就不值得"恭"——"认真你就输了"。"拒绝崇高""告别理想""活在当下"成为颓废、卸责、袖手旁观甚至见死不救的普遍说辞,道德在不经意间被高高举起后,又轻轻地放下了。

六、政治之轻——景观政治

轻的革命绝不只限于技术、经济、生活、文化、伦理诸端,它也成功地改变了民主和公共领域的运作。如果说消费社会是一种物体系包围和营建的景观社会,那么其在政治上的镜像则是建构了一种景观政治。

政治决断为迎合民意的情绪表态所取代,政治理性为煽动民情的激烈言辞和极端立场所取代,政治的宏大叙事和严肃主题为庸常化的细碎琐事与政客的演技化、亲民化、生活化所取代。自电视出现后,媒体的发展日益将政治的场所装扮为政治的舞台和政客的秀场。政治上的轻革命,也就是为政治减负。政治家走下神坛,民众不再需要一个高高在上的英主和父亲般的人物,而是可以撸起袖子与民同乐、打成一片的兄弟与伙伴。当然,这种祛魅的本身产生了另一种赋魅的效果。

轻政治围绕态度做文章。所谓民意调查，主要是对态度的侦测，而态度本身是流动的。基于简单的表态游戏，可能做出错误的、不可挽回的政治决断。宏大叙事的信仰终结和进步主义的幻灭，使政治成为一种表态政治，民主成为一种影像民主——直播、金句、图像取代了仪式、争论和观点，政治的语言变得轻飘无力。

政治下沉，市场升腾。对金融资本逻辑的膜拜，使经济之重成功掩盖了政治之轻。娱乐化，则让政治变为如英剧《是，大臣》(*Yes，Minister*)那样一地鸡毛的官僚琐事。人们对此毫无兴趣，抑或只钟情于纸牌屋里权力的游戏。政治何止被轻化、八卦化，更被黑化，这进一步促使人们对其敬而远之。

传统中只能居于帷幕之后的运筹博弈、理性狡计，被全盘搬到台前。现实主义甚至进攻性现实主义，大有取代政治正确的理想主义之势。选民们索性谁都不信，全靠自己，他们也更加倾向于保持观望，直至最后再做出决定。这样一个去政治化、去政党化的“战略型选民”时代，固然是个体化得百花齐放，却也着实带来了更大的政治不确定。

民众的这种史无前例的政治不信任，来自面对当下经济社会困局时的两个深层失望：一是那种普罗米修斯式的创世雄心和理想信念走向破灭；二是那种西西弗斯式的脆弱无助时时涌上心头。这些选民没有整体性的政治目标和政策方案，也没有掌权的意图，旨在一事一议，就事论事，专注于局部问题，打一枪换一个地方。这当然也是一种政治，只是相对于传统的政党政治，它是一种轻型政治，更加灵便，更有效率，但也更捉摸不定。

政治基础设施已铺就并运行良好，人们的各种反对意见也并不旨在推翻这套制度。但这种温和而轻民主的政体，确实无法阻止极端主义、恐怖主义的煽动和洗脑，根本的问题依然是，这个轻的世界无法提供衣食无忧的人们存在的意义，集体的身份认同、结构性的定位和自我评价。

作为启蒙运动的重要遗产，平等的观念深入人心。但整个世界正在发生新的阶层分化与身份区隔，各种鄙视链条横空出世、应接不暇。分裂机制的存在不能掩盖另一个事实：从生活方式、思想观念来说，整个社会却是经历了前所未有的同质化过程。对于福利、消费、娱乐的追求，人同此心。信息壁垒的破除，也让不同阶层之间的沟通与模仿变得非常简单。各种保障制度的首要目标是全覆盖，其次才是保障的程度。这是因为，有没有，是一个政治权利问题；有多少，是一个经济分配问题。重度不平等状态下的轻政治，仍然无法褫夺人们追求幸福、平等和自由的权利。

我们该如何面对这个更“轻”的世界？行动的轻盈并不能驱逐内心的沉重，技术的进步也无法解除生活的沉重。利波维茨基提出：“与快感有关的局部的‘轻’正在蔓延，而由喜悦产生的整体的‘轻’最好的情况也仅仅是停滞不前。”这是否意味着要对轻文明大加挞伐？不，轻本身并不消极，甚至在很多方面产生了非常积极的影响，没有必要局限于生活方式的浅薄、轻佻、享乐主义来理解。

小时代本身并不让人厌恶，小确幸也很合于“帝力于我何有哉”的现代潮流，但这种轻飘氛围的膨胀、扩张、渗透和通约一切领域，侵入生活并试图扼杀生活中各种丰富可能性的时候，问题便产生了，人们的思考、创造、伦理责任、政治责任会被釜底抽薪、卸载一空。真正的“轻”，是尼采所言“戴着镣铐起舞”的那种心态，在对抗整个世界的躁动与狂热中，守护生命的高洁与轻灵。

第二节　时间的争夺战与保卫战

时间的碎片化，是人类进入智能化移动互联时代或“互联网＋”时代之后，绝大多数人的共同感受。一位老同事近年来一直感慨，为什么我们越来越忙？时间越来越少？读书、研究、社会调查乃至于家庭生活中的诸多事项，无论是协同多人集体行动，还是只需自己一人，想要大块的可支配时间，都越来越难了。

21世纪，不少国家将进入并停留在几乎不可逆的老龄化、高龄化阶段，这一方面昭示着国民整体寿命的延长，但另一方面也预示了国民整体剩余生命年数的减少和时间稀缺性的提高，这是件值得关注的事。

生活中，我们能看到乘坐免费班车从城市的东北角到西南角，只为寻找更便宜蔬菜、毫不在意时间成本的老年人；醉生梦死度过七天长假后慨叹“时间都去哪了"的中年人;购物比选时,愿意为一台更加省时高效的洗衣机、电饭煲而支付更多金钱的青年人;以及在课业重负之下盼着时间快些流逝,好在寒暑假嬉笑打闹的孩子们。时间,无影无形,又无处不在。时间,对每个人似乎是公平的,而每个人对它的态度又不尽相同。

一、时间资本主义的降临

松冈真宏在其新著《未来时间使用手册》一书中,基于对现时代技术革命引发社会观念变革的观察,提出了"时间资本主义"的命题。

时间,是制约人类的最后一个因素。人们通过农耕和生产衣服、武器等工业产品,克服了艰苦自然条件的制约;通过市民革命和一系列平权运动,摆脱了身份、职业、地域的社会性歧视和束缚;通过造纸术、印刷术直至互联网为代表的一连串媒体革命,实现了知识与信息的普及。但到此为止,人类仍有一个始终无法克服的障碍,这就是时间。时间是值钱的,一寸光阴一寸金,寸金难买寸光阴。每天 24 小时虽是完全人为的设置,但任何人都无法在这个规约之外,"争得"更多时间。即便贵如帝王,也只能怀揣"向天再借五百年"的野望,发出"人生不满百,常怀千岁忧"的慨叹。

时间,是分析资本主义制度不能回避的重要一环。从古典政治经济学到现代经济学,在成本收益框架下,对效率的重视一以贯之。效率是产量与时间之比,节省必要劳动时间以提高劳动生产率,是天经地义的绝对律令。

工业经济时代,劳动者的时间被明确区分为私人时间和工作时间。与之相匹配的自然是泰勒制的"科学管理",实质上就是工业管理、流程管理,归根结底是对时间的管理。当服务业取而代之后,时间从标准化转向个体化,路径从单一化转向多样化。那种到点打卡上班模式的机械化时间,已远远落后于新时代的新节奏。丹尼尔·贝尔(Daniel Bell)从专业技术人员和白领阶层的快速扩张,深刻洞见到后工业社会的降临。而白领工作空间的个性化,反映的是工作时间的个人化和个体自由度的增加。劳动者从设备成堆的工厂车间被解放出来,进入办公桌环绕围成的新环境。一切才刚刚开始。对于白领而言,办公空间进一步个体化的标志性化，是从以台式电脑为标志的共享共用设备转向“一人一机”的专用设备，“格子间”随之出现，办公场所至少在表面上被分割为若干具有较高私密性的“私人空间”。

传统制造业是平的，同质化的劳动力聚集在特定场所，生产出标准化的产品。只要认真工作，就有可能以较高的准确率高效产出。泰勒制要的是执行力而不是创造力，本质上说，它与“摩登时代”的傻瓜式操作并无太大差别。但服务业不同，它会自然创造差异，同样的劳动时间、同样的工作特点，不同的人产出和收入可能是天壤之别。

互联网对生产生活的全面嵌入，更加深刻地改变了时间的刻度，细化了时间的基本计量单位。智能手机的出现，则颠覆性地改写了人们头脑中的时间观念。时间真正成为一种可资利用的资源禀赋，供人吃干榨尽，充分发挥其边际效用。时间的边际化，也就是时间的碎片化。由此，时间的基本单位被不断切割和细分。智能化互联状态下，手机让人们 24 小时持续在线。地铁上、如厕中、开车时、会场里，八分钟十分钟不嫌多，三分钟五分钟不嫌少。以往不足挂齿或只能任其浪费的碎片时间，都可以被捡拾起来逐一利用。这一“时间价值的长尾”，被以“割圆术”一般近乎完整地重新开发。碎片化时间与便携式信息终端相结合，创生出多种多样的时空业务，企业也有了足够的积极性开发和利用这些碎片化时间。各类 App 精准定位目标客户，涌入这片蓝海。以“慕课”为代表的一批视听式知识付费 App，其基本单位或教学片段的时长，都是 5～20 分钟不等，开掘的正是典型的碎片化时间。

时间资本主义的世界中，人们一切行动的根本出发点是“时间价值”。这并不是说在以往的时代，人们就意识不到或不遵循这样的行动逻辑，而是说只有在今天，人们对时间价值的重视才达到如此登峰造极的地步，人们对时间稀缺性的认识和某种焦灼情绪下的时间利用行为，才会达到如此穷尽的程度。在过去，人们对“大块时间”进行“开荒”，到今天，已近乎“无荒可开”，只能精细化“密植”以抢夺“碎片化时间”。

时间的碎片化与碎片化的时间，是一对很难言说清楚的关系。是的，时间并不是被手机抑或其他什么设备“击碎”的，即便没有手机，时间自身也有碎片。找到一种方式帮助人们用好这些碎片化的时间，固然是不错的。这就如同资源既有专业性的，也有业余性的。网约车这种系统在帮助一个医生在上班的路上发挥自己的司机技能，赚到小钱，又减少了寂寞，还节约了顾客的金钱和时间，各美其美，何乐而不为？但问题就在于，事情会转化。碎片化时间的开发，在一定条件下就会导致时间的碎片化，进入一个自我实现的正反馈过程。越开发，越细碎；越细碎，越开发。副业妨碍了正业，“自留地”打倒了“责任田”。互联网使得这个转化发生的条件降低到触手可及的地步。实际上只要是个人，如果他没有强烈的观察自己使用手机行为的意识，就必然发生这种转化。

二、时间价值的两个维度

有两个向度影响了人们对时间价值的判断和随后的选择行为。其一，是使用某种商品或服务能够缩短时间，因而节省出更多有意义的时间存量，这可称为“节约时间价值”；其二，是使用某种商品或服务本身就能够创造出有意义的时间增量，可称为“创造时间价值”。相对应地，也就有两种实现个人时间价值优化的路径：一是“时间的高效化”；二是“时间的舒适化”。深究起来，松冈真宏的这个思路并不算新奇。马克思在讨论剩余价值来源的时候早有洞见：只要个体劳动时间超过维持劳动力商品的生活资料的社会必要劳动时间，那么通过购买和使用劳动力商品就可以获得剩余价值。而获得剩余价值也有两条路径：一是延长绝对劳动时间，说白了就是“跑量”“加班”，这是绝对剩余价值的生产；二是缩短劳动者为自己劳动的时间，此消彼长，“公而忘私”，这是相对剩余价值的生产。

以往的消费者只是针对商品和服务本身的价值付费。在时间资本主义社会，除了商品自身之外，时间也具备了某种自足性的价值，需要摊入最终价格之内。就“节约时间价值”而言，节省时间就是购买这种商品和服务的重要目的，比如代人排队买票的“黄牛”、加急配送的快递。就“创造时间价值”而言，增加消费者在单位时间内的多重体验，本身就实现了时间的增值，比如提供阅读空间的咖啡馆、提供办公配套服务的头等座。

作为一种客观的计量单位，时间对每个人大体公平。但对时间的主观认识和时间价值的观念迥异，决定了不同个体对时间的实际“获得感”可能大相径庭。一部分人坐拥巨额“剩余时间”，成为时间的主人。另一些人则背负沉重“时间负债”，沦为时间的奴隶。从时间价值的角度看待人们的消费行为，会有一些别样的体会。比如购物，有的人喜欢直奔品牌店精挑细选，一分钱一分货，那是追求时间的“舒适化”；有的人乐于去往大卖场看基本款，目标明确，物美价廉，快速购物，那是追求时间的“高效化”。如果只从消费的表象上看，似乎体现了贫富两极分化，实际上这也可能只是时间价值认知与时间优化策略上的两极分化。

时间价值和时间“获得感”分化的另一个时代之惑在于，人类往往不能善待和珍惜技术进步带来的“节约时间价值”。在时间碎片化的当下，仍一味致力于“时间的高效化”，就如同耗费漫长时间进行“磁盘清理”，只是将边角料的“存储空间”重新归并整理，旨在聚沙成塔、积少成多，从投入产出的回报而言却可能代价高昂。可悲的是，如此节省出来的时间，并未投入到创造性活动甚至一般休闲活动之中，办公自动化和智能化并没有使人们摆脱庸碌的低水平重复性劳动。比如，以提高办公效率为初衷的系列办公软件，反而创造了办公室工作量新的增长点，以至于做 PPT 本身成了不少白领不可承受之重负，而 PPT 技巧培训相关服务则发展成一套完整的产业链条，赚得盆满钵满。这种依靠增加无谓的劳动时间赚取加班费的方式，也是国人十分熟悉的“五加二、白加黑”，与提升时间价值的初衷完全是背道而驰。

时间资本主义条件下，城市只会更大、更拥挤。因为高附加值服务业的发展，使信息、人口、财富集聚于城市。城市化叠加全球化背景下的这种规模经济和产业集群特征，令每个企业都必须重新思考自身的分工定位，因为一般事务性工作都可以非常便捷地外包出去（这正是百货商场容易经营不善，但百货商场地下一层常常生机勃勃的重要原因）。在这种情况下继续埋头苦干，只会被工作所累，因为当普遍的技术进步提高了全社会的劳动生产率之后，从事一般事务性工作的白领的不可替代性必然下降，他们也就面临着逐步滑向“时间破产”边缘的风险。

松冈真宏以收入和时间两个维度，划分出有钱有闲的创意阶层、有钱无闲的传统精英阶层、无钱无闲的“认真的穷人”和无钱有闲的“活在永无止境的日常里的人”四大象限。如果从代际视角加以比较，那么上一个技术革命时期的精英阶层，其相对社会地位和生活质量，应该会比当下这一周期中的精英阶层为高。原因如前所述，技术进步使后一时代中创意阶层出现的难度增大了。这是一种层垒式堆叠的时间价值吞噬过程，多少聪明的头脑和高明的技术手段，首先被用于时间的加速，继而，这些节约下来的时间又被投入到庸常生活的简单再生产之中，创新的潜能被一步步消耗殆尽，直至回到常态。

为什么会有这种现象——人们勤劳而不富有？其实这并非某个国家特定的问题，而是以互联网技术为代表的这一轮产业和技术革命造就的普遍态势。被瓦解了的传统社会白领，逐渐从第二象限进一步跌落到第三象限，沦落为无钱无闲、整日瞎忙的“认真的穷人”。后发国家的发展与腾飞主要是这个群体艰苦奋斗的结果，然而这种民族国家的持续崛起，不可能始终以这个群体生活质量的固化甚至恶化为代价。美好生活不可能脱离时间，无暇享受的生活断然不会是美好生活，而追求美好生活的首要任务就是重新夺回时间。

20 世纪 90 年代有一首流行歌曲叫《我想去桂林》，彼时刚刚在市场经济的海洋里鼓浪弄潮的中国人，已经体会到时间与财富之间的巨大张力：“我想去桂林呀我想去桂林，可是有时间的时候我却没有钱；我想去桂林呀我想去桂林，可是有了钱的时候我却没时间。”有钱没时间，有时间没钱，这正是“认真的穷人”和“活在永无止境的日常里的人”两个极端。尽管他们看似相异，本质上却如同分散在二、四象限的一对双曲线，遥相呼应，互为对偶，此消彼长。

唯一化解了时间与收入之间对立状态的是第一象限的创意阶层，他们需要频繁地与人打交道、头脑风暴，这也是为什么许多众创空间要被设计为一个开放空间、共享空间，甚至纯粹就是一个休闲咖啡馆格局的原因所在。创意阶层有着更为自由的工作时空，八小时内外浑然一体，职业与兴趣相得益彰。

这场伟大的互联网技术革命，成功地进阶为一场时间的争夺战、保卫战，并将引发社会阶层的重新洗牌。在击碎了传统中等收入群体的优越感信条，甚至诱发某些群体的焦虑和危机的同时，完成社会结构的整合与阶层秩序的重构。经此一役，大量时间消耗于“一地鸡毛”事务性工作中的传统白领，将面临更加艰难的处境。而在老龄化与少子化并行的历史进程中，具有一技之长的青壮年蓝领将有望进入新的上升区间，与创意阶层共享时间资本主义的荣光。

三、公私融合及其后果

时间资本主义社会的一个必然趋势是公私融合。在这里，公与私之间的界限越来越模糊。这一趋势背后的社会基础在于，服务业特别是高附加值服务业已发展到相当规模，劳动就业人口在三大产业之间的结构比例相较于工业化时期有了质的变化。传统的制造业生产空间是固定而僵硬的，劳动者必须按照规程，身着统一工作制服进入生产车间，在工作期间无暇处置私事。这既是泰勒制的工作流程所框定的制度格局，也是福柯意义上的“全景敞视”景观所预设的人身控制。一心不得二用，与其说是工业经济时代劳动者普遍的职业伦理，毋宁说是严苛制度环境下的别无选择。

专业技术人员和白领阶层规模的扩大和地位的上升，宣告了后工业社会的降临，也拉开了时间资本主义的帷幕。白领的工作环境是办公室，这是决然不同于工厂生产线的另一种空间结构。而高端服务业白领的职业特点也需要他们随时离开座位，或外出调查，或拜访约见客户，他们的价值是在频密的人际交流中创造出来的。因此，他们拥有比传统制造业工人远为自由的时空结构，这种结构也天然地打破了公私截然二分的界限。智能手机的出现，加速了这个公私融合的趋势。试想，从事金融、咨询和商务领域的高级白领在其通勤、出差乃至办公室等不同环境中，在使用微信查看留言、登录邮箱查收邮件时，公与私能够截然分开吗？显然不能。那他们的上司就不怕他们在工作时间干私事、接私活，“出工不出力”“磨洋工”吗？饶有趣味的是，似乎很少有企业会像防贼一样防范白领们“盗窃”工作时间。

从历史上看，第一产业是生产空间与生活空间、也就是工作与生活或公私二者合一的，居住地（村落）与工作地（耕地）毗邻，但在时间上二者仍然是不同步的。农业劳动投入与农业收成之间未必完全正相关，而且农业劳动时间与农作物的生长和产出是两个相互分离的过程，不可能立竿见影。第二产业成为主导产业之后，才有了公私之分，工作是一码事，生活是另一码事。工业化要求人财物各生产要素的集中,集中才有效率,但集中也侵吞了私人生活。马克思、恩格斯高度关注的劳动者住房问题,并提出住所与工作场所相分离的道义出发点,就是为了保障工人的生活空间与时间不被资本所侵夺。颇有讽刺意味的是,早期资本主义发展过程中形成的"公司镇"(company town)模式,类似的也有计划经济体制下因资源而兴的各类资源型城市、紧靠工厂建造的各类工人新村与职工宿舍,实质上都旨在压缩生产与生活之间的时空隔阂,使之无缝对接,以便最大限度地剥夺或获取"剩余时间"。现在,第三产业成为主流的后工业社会,在移动互联网全盘改组社会基础设施的背景下,人们又重回一种公私融合的状态,但这必不是"面朝黄土背朝天"的传统农业模式。在新的场域中,劳动者自行安排时间在公与私之间的分配,企业组织则只看绩效,"无问西东"。

生产与生活的公私融合,并不是一种简单的平衡。在时间碎片化的当下,但凡需要呵护创意、激励创新的组织,都难于一刀切地为工作与生活划定一个明晰的界限:工作到此结束,生活由此开始。电话、电视、电脑、手机,随着这些媒介载体逐一进入生活,家庭内部的空间结构也必然要被重新定义。晚餐时同时进行电话会议,陪孩子看电影时顺手发一封邮件,节假日的夜晚接到上司布置工作的微信后在家中"加班"熬夜……凡此种种,与工作期间回复家人的私信或留言这类"假公济私"相比,恐怕前面列举的各种"化私为公"的场面也并不鲜见。

技术改变了时空。生产与生活、公共时空与私人时空被共同拖拽进一个不可逆转的历史进程。对于"公私不分"有着丰富历史传统和生活经验的中国人,也许对此并不陌生。新近就有学者提出了从"社会治理"向"生活治理"演进的观点。"在中国人的社会治理实践中,对私人生活的治理由来已久,这是一种由政治传统和文化传统耦合形成的治理传统。"(熊万胜:《社会治理,还是生活治理?》,《文化纵横》2018 年第 1 期)不过,人们在很短的时间内跨越传统而至现代、后现代,经由农耕文明时代乡土中国、熟人社会"开门过日子"的一种朴素的开放性,到"不和陌生人说话"的冰冷理性,再到"忽如一夜春风来"、热情拥抱各种"共享"模式的共享经济、共享发展阶段。眼下,当迎面遭逢时间资本主义浪潮及其背后社会转型力量新的强大冲击时,人们是否能够平滑个中风险,平复自身压力,进而在一路"赶超"的现代化道路上,找回丢失的时间,充盈自己的人生呢?

目前看来，对这个问题的回答，只能寄希望于每个人的自觉和修行。技术的变迁正在迫使人们成为吉登斯所谓自反性的个体。在这个意义上，它对现代人的成长是有好处的。

第三节　我买故我在？

近半个世纪前的1970年，鲍德里亚在其成名作《消费社会》一书中给出了一个惊世骇俗的判断："今天，在我们的周围，存在着一种由不断增长的物、服务和物质财富所构成的惊人的消费和丰盛现象。它构成了人类自然环境中的一种根本变化。恰当地说，富裕的人们不再像过去那样受到人的包围，而是受到物的包围。"实际上，在1968年，他就以《物体系》为开端，启动了终其一生的当代社会文化批判的工作。

一、"轻文明"时代的"买买买"

《物体系》为《消费社会》奠基，消费社会建立在物质极大丰裕的基础之上。西方知识分子在一种兴奋与焦虑并存的状态下，度过了20世纪的六七十年代。物质产品极大丰富、社会财富充分涌流的状况虽远未到来，但成就已经相当可观：一方面是第二次世界大战后20年的总体和平创造了一个比较适宜的发展环境，另一方面是凯恩斯主义30年的政策实践在推动投资、刺激消费的道路上屡立新功。这本该是一个皆大欢喜的局面。

然而，人们的不满一仍其旧，抑或说，人并不为面包活着。和其他动物正相反，这时，人最迫切的问题非但没有解决，而是刚刚开始。当人们吃饱穿暖的基本需求满足之后，更进一步的生活需要也终于起步了。

对于这一社会结构与社会思潮的历史性变迁，知识分子竞相给出自己的判断。加尔布雷斯认为以往的经济学都是以贫困社会为研究对象，几乎没有福利国家的经验，所以如同李嘉图被称为"阴郁的李嘉图"一样，传统经济学家充满悲观沮丧的情绪，而 20 世纪 60 年代的美国已进入一个“丰裕社会”(Affluent Society)的状态。丹尼尔·贝尔注意到，在办公室上班的白领的数量超过了到工厂上班的蓝领工人，专业技术人员的增长和知识经济的征兆已经显现，服务业则成为新的增长点，他将这一状态概括为“后工业社会”的降临。除此之外，马尔库塞关注的是这种“发达工业社会”之中人的精神症候——世俗化、市场化进程中的人逐渐丧失自反性的批判能力，日益沦为“单向度的人”。

作为法国“五月风暴”同时代人的鲍德里亚，相较于他的学界同侪，略显云淡风轻，也更独辟蹊径。如前所述，他从“物”的研究出发。这种物，既不是动物，也不是植物，而是工业革命以来大肆繁衍、近似一种热带丛林的“人造物”的体系。如果说自然之物的增长受到自然生态规律的制约，那么人造物的野蛮扩张纯粹是人类活动的结果，受交换价值规律的约束。

在这样一个人造王国之中，“我买故我在”(I shop，therefore I am)就不仅是一种生活方式，更成为一种社会思潮。在消费主义的框架下，消费的目的不是为了满足实际需要，而是在满足不断被制造出来、被刺激起来的欲望。人们所消费的，也不单是商品和服务的使用价值，更在于它们的符号象征意义。

在物的包围之中，人们丧失了品鉴能力，这是一个比“如何脱离低级趣味”更为严重的问题。物品的泛滥与趋同，使得人们不知所措，既不知道如何犒劳自己，也不懂得怎样惊喜他人。本能的惰性促使人们乐于把购买决策权让渡、外包出去，遂成就了种种趣味商店、创意礼品乃至各种恶趣味。

利波维茨基以“轻文明”为这个时代作注，他指出了消费主义并不能真正为这个世界减负的事实。在积贫积弱的时代，解决温饱是绝大多数人的唯一要务，精神空虚和心理忧郁恐怕只是少数人的“特权”，并只导致其中一部分人堕落；在现代社会，如何摆脱这一亘古未有的社会变迁所引发的前所未有的精神困境，已经不再是可有可无甚至可笑的“何不食肉糜”问题。可是，在这样的轻文明时代依然诉诸物质资源、借助“买买买”来填补内心的贫瘠，只能是黔驴技穷。时代主题已经转为产能过剩之后的经济危机，也就迫使人们必须转向关注物质过载之下的精神状况，深刻反思当下这个消费社会及其内生的消费主义思潮。

二、在准备不够充分的状态下卷入消费的浪潮

20世纪西方大众消费社会的整体性兴起与以福特主义为代表的资本主义大规模工业生产有着密切关联。人们很容易把福特主义与泰勒制简单混淆，其实不然。当葛兰西最早使用“福特主义”一词时，意在刻画一种基于美国方式的新工业生活模式，以市场为导向，以分工和专业化为基础，以较低产品价格作为竞争手段，辅之以泰勒制的劳动组织方式，大规模地生产消费性商品以促进密集型的资本积累。

亨利·福特可能是较早洞悉消费之于经济发展的奥秘的企业家之一。1914年1月6日，在美国密歇根高地园，从凌晨3点开始，就有人冒着严寒来到这里，到7点多的时候，已经有超过1万人在排队。此前一天，福特汽车公司宣布，将把工人的工作时间缩短至8小时，并提供每天5美元的工资待遇，这是原来2.34美元日薪的两倍多。很多人认为老福特疯了，因为福特公司每年为此多支出近1 000万美元，而当时其年利润也不过如此。经济学家批评福特，把《圣经》的精神错用在工业场所，拿博爱主义做幌子来收买人心。对此，福特的回应是，给工人以高工资，是效率问题，不是慈善行为，工人也无须为此感激雇主，这是他们应得的。

在生产者内部创造消费者，这真是一个突破性的想法。整个古典经济学时代的主流经济学家，大都是生产论者，那个年代具有路标意义的若干政治经济学教科书中，生产、分配、交换、消费的秩序和格局一成不变。19世纪70年代的新古典边际革命后，经济学教科书则从偏好、效用、收入约束、无差异曲线等逐次展开，实际上把消费者行为理论作为经济学微观基础的基石。但直到20世纪初，在日常的资本主义运作过程中，消费仍是异常脆弱的一环。

我们不妨将19世纪的4位思想家的相关判断联系起来，复盘这一“珍珑棋局”。韦伯当然并非是一个文化决定论者，但他关于新教伦理与资本主义精神之间的内在关联的研究，的确为我们透视资本主义早期蓬勃发展的文化动力提供了重要参考。其基本结论是，某种现世的禁欲精神和为荣耀上帝而不懈劳作的

天职观念，与早期资本家的节俭、积累和不断扩大再生产的行为是高度一致的。

马克思的研究则告诉我们，由于工业革命造成资本、技术、机器对劳动的替代，劳动力过剩，劳动者处于不利地位，只好贱卖自己。劳动力作为商品，其市场价格相当于购买维持这一劳动力及其家庭生活所必需的用品的货币，是所谓工资铁律。其劳动所生产的价值大于购买它的价格，那就是剩余价值或资本家的利润。

韦伯和马克思共同勾勒出早期资本主义的两桩事实：一是工人限于生存工资，没有积累，也没有购买力，无从消费；二是资本家奉行禁欲节俭，虽有极大购买力，却也不事消费，反而越发扩大再生产。那么，一个明显的悖论就是，生产越来越多，消费却无从谈起，假以时日，那些“牛奶倒进海里”的故事岂不就自然而然了？问题在于，这个假以时日的时日，为什么一直到标志性的1929年才到来？是谁，由于什么原因，延缓了这一过程？

这就需要引入另两位学者了：一个是桑巴特；一个是凡勃仑。我们可以将这两个人视为鲍德里亚开启的消费社会研究的两位理论先驱，因为他们的问题意识具有深刻的相似性。桑巴特的小册子《奢侈与资本主义》，就题目而言就有着强烈的与韦伯对话的意味，主要阐述了资本主义形成过程中财富积聚和过度消费现象。他认为，在前资本主义和早期资本主义时代的文化中都存在一个崇尚奢侈的观念，即“体面只适合于花钱而不适合于挣钱”。而富人的终极目标无疑是成为社会上层，而上层的特征不仅表现在财富方面，更要求“具备完全非资产阶级特征的品质，与实际的商业生活保持一定的距离”。

旧制度经济学的代表人物凡勃仑在他的《有闲阶级论》里则提出，人类一切行为的最根本动机在于追求荣誉。“要获得尊荣，仅仅保有财富或权力还是不够的，有了财富或权力还必须能提出证明，因为尊荣只是通过这样的证明得来的。”证明的方式主要是有闲、代理有闲、消费、代理消费，前两者主要体现为制度上的烦琐礼节，后两者则是经济上的过度消费。

这两位思想家为我们揭开了资本主义初创时代被遮蔽了的另一部分真相。爱慕虚荣、贪图面子、追求排场，绝非《乡村爱情》里象牙山村那几大家族的特点，而是古今中外人同此心。“幸福的生活从哪里来？要靠劳动来创造。”勤劳致富，固然是颠扑不破的真理。如果不勤劳却能致富，不好好复习、裸考却能考得高分，不必每日困于具体事务、终日周游世界登山探险而企业仍能正常运转甚至连创佳绩，那岂不是更加“了不起”、更能体现其“天赋异禀”？这就是所谓“具备完全非资产阶级特征的品质，与实际的商业生活保持一定的距离”以及“有闲、代理有闲、消费、代理消费”的所指。

桑巴特和凡勃仑的共同发现在于，奢侈具有某种模仿、感染和传导机制。在桑巴特的分析结构中，奢侈首先从旧贵族或地主传向新崛起的早期资本主义商人阶层，而待商人阶层成为新贵族后，又激发正在致富之路上的中小商人效仿其生活方式。最终，旧贵族或地主被拖入不可逆转的奢侈漩涡之中，直至倾家荡产从贵族之列消除。凡勃仑的分析结构中，处在强势地位的有闲阶级，完全可以利用自己在社会规范、思想领域的示范作用，将自己的价值观向社会各个阶层推广。

让我们把 4 位大师共同拼接而成的完整故事逻辑呈现如下。

早期的资本家奉行节俭，早期的工人始终处于生存工资的水平。在不断扩大再生产的过程中，旧贵族或地主阶层充当了“冤大头”和消费者的角色，通过不断的“买买买”来使整个宏观经济循环正常运转。然而这一三足鼎立的结构不可持续，因为资本主义阶段的旧贵族或地主只能是一个过渡状态，其出路只有两条：要么幡然醒悟，投资兴业，跻身资本家之列；要么不思进取，坐吃山空，沦落无产者之间。而 1914 年福特汽车公司加薪事件的根本原因，就是要未雨绸缪、居安思危，制造消费者。

饶有意味的是，当下的消费社会中，一方面是“剁手党”“月光族”之类的“隐形贫困人口”（指有些人看起来每天有吃有喝有玩，实际非常穷）大潮汹涌，他们“花今天的钱，哭明天的穷”。在鲍曼看来，这些“消费社会里的穷人”最重要的特征就是有缺陷、有欠缺、不完美和先天不足，在准备不够充分的状态下就卷入消费的浪潮。另一方面却是所谓“资本主义精神”的渐趋消遁和劳动神圣的工作伦理一去不返。长此以往，一个在收入上稳定增长的、可持续的消费者阶层也会“缩水”。“上午打猎，下午捕鱼，傍晚从事畜牧，晚饭后从事批判，但并不因此就使我成为一个猎人、渔夫、牧人或批判者”，马克思在《德意志意识形态》中对未来理想社会中生产状态同时也是生活状态的这段描述，仍然是消费社会下具有前瞻意义的重要指南。

三、顾客是“上帝”，却总是被迫做出选择

西方发达国家在20世纪六七十年代进入消费社会。消费社会中琳琅满目的商品让消费者头晕目眩。这是一个物品丰盛得让人目不暇接的时代。计划经济条件下百货商店是销售者（实际上是生产者的代理人）主导的，顾客只能远观或者报送购物需求，因而那个年代出现很多熟能生巧、颇具工匠精神的售货员劳模。相比之下，市场经济条件下的超市中，消费者的自由度极大增加。消费社会中物对人的包围呈现立体式、全方位的特点。立体式意味着一种意义的完整和齐备。你购买一款名牌西装，须连带购买与之匹配的衬衫、领带、皮鞋。这种完备性甚至不是一锤子买卖，而是动态式榨取。在网络游戏或手游中，打怪升级的消费套路之深可谓防不胜防：练了人，还要练装备，练了装备，还要练坐骑，端的是活到老练到老，消费充值到老。全方位，意味着把产品和服务做到极致。日本7—ELEVEn便利店的经营哲学，就是让消费者享受更多便利，在单调的消费场景中加载更多消费场域，如代缴水电煤、代收快递、安装自动取款机、提供免费WiFi、增加打印复印业务等，以此增加消费。全方位，也意味着打造跨领域的消费航母。上海五角场模式的兴起在一定意义上说明消费的复合性是大势所趋，在有限的空间结构中，将购物、餐饮、休闲、娱乐、旅游等综合性经营、一站式服务和配套式环境整合在一起，明显更受到消费者青睐。

消费社会里的精神需求超越物质需求，文化与符号价值更受重视。不再是饥不择食的年代，不再是缺少选择的时代，消费社会里，人们的生产、生活都超出了生存需要的水平。符号商品的生产急速增长。在传统社会，文化与商品保持距离，但在消费社会，它们之间碰撞出火花，继而共谋，携手前行。文化不仅千方百计地想把自己商品化，而且为能够被商品化感到骄傲和自豪。

消费品不再追求永恒，而是加速折旧、流变、迭代。如鲍德里亚洞见的，以往的所有文明中，能够在一代一代人之后存在下来的是物，是经久不衰的工具或建

筑物，而今天，看到物的产生、完善与消亡的却是我们自己。因此，物的消费呈现出加速度态势：在传统社会对着一件物可以讲述几代人的动人故事；而消费社会一件物件可能只能讲述自己人生中某一天、某一个月、某一年的故事。改革开放以来，中国经历了从“有没有”到“好不好”的消费升级，逐渐进入个性化、多样化、小批量的需求阶段。我们生活在物的时代，根据物的更替迭代和新陈代谢的现实而生活。越来越多的物品被人们移出耐用消费品的清单（而此前这一进程是逆反的，例如诺基亚手机），这进一步加速了人对物的追逐运动的速率。

消费需求的异质性上升，设计、外观、包装受到重视。差异化的需求普遍增长，物品的丰富为差异化选择提供了前提和条件。人人追求不可复制，追求独一无二，追求自由购买。消费者希望通过商品消费来彰显自己的个性，定制和个性化服务日益成为消费社会的新宠，在普遍的乏味中寻求出挑、个性。现代社会中，个体被归类、编码、排序，所有关于消费的话语都想把消费者塑造成普遍的人。消费者却期待成为领风气之先的潮人。顾客是“上帝”，却并不能随心所欲，而总是被迫做出选择。

消费社会中，通过礼物交换，生产或再生产与受礼者的社会关系；通过聚餐，生产或再生产群体内部的团结；通过单位或公司的集体消费，生产或再生产组织忠诚度。在对物的占有和消费中寻求心理满足、社会认同和身份定位，当物成为系统化的符号，映射着人际关系的消费行为就形成社会分层。人们所推崇和膜拜的不再是物的使用价值本身，而是物的交换价值中所映射出来的身份和地位。为此，人们就必须被迫消费以维持自身的“需要”和社会的再生产。这种消费攀比与关系的建构，甚至有严重的低龄化趋势，比如如今司空见惯的小孩子过生日全班同学送礼物的行为，本质上就是一种家长代劳的关系建构过程。

消费社会满足了人类的欲望，信息化、数字化、智能化的普及更使得消费社会超越时空限制而如虎添翼，大数据真正掌握了我们的个人偏好。然而消费模式的剧烈变迁，也日渐催生与之关联的精神紊乱。列斐伏尔在《日常生活批判》中曾提醒我们，现代社会成了一个“消费被控制的官僚社会”。在此意义上，弗洛姆的警告发人深省：“一个幽灵正在我们中间徘徊，然而，只有少数人清醒地意识到它的存在。这个幽灵就是，一个完全机械化的社会，它服从计算机的命令，致力于最大规模的物质生产和消费。在这样一个社会的发展进程中，人自身被转变为整个机器的一部分，尽管他吃得好，娱乐得好，然而他却是被动的，缺乏活力和感情的。他越来越成为一个贪婪的、被动的消费者。"这个意象，恰如电影《千与千寻》里那两位因贪食而异化为猪的成年人。

四、"高质量发展"

挣脱消费社会的陷阱，于个人于国家而言，都需要追求一种适度规模甚至"减量化"的生存境遇，追求一种"高质量的发展"。

对于经济增长最悲观的论调可能来自19世纪的约翰·密尔，在其《政治经济学原理》中，他比罗马俱乐部早100多年看到了片面追求经济增长的后果，人口膨胀、耕地锐减、生态恶化。他进而提出了一个"静止状态"的假说，为经济增长勾勒出三个基本特征：一是人类支配自然能力的增加；二是人身及财产安全和自由支配权的增加；三是合作能力的增加。经济增长表现为资本增加、人口增加和技术改良，由于土地的边际报酬递减和马尔萨斯人口规律，经济增长总趋势将是地租提高、工资上升和利润下降。随着利润逐步下降，最终会出现一种静止状态。这种静止不是经济停滞、生活贫困，而仅是资本和人口增长的停止，人的精神、道德和文化水平仍可不断提高。密尔的这一思想对马歇尔产生了强烈影响，在他的《经济学原理》以及其他著述中，始终持有一种包括知识、人口和资本增长的"超长期"的时间视角，并一直致力于建立一个更具发展性的分配理论，以解决在那个时代作为突出问题的"劳动—资本"冲突。马歇尔并不简单地把增长视为单纯的物质资本的积累，而是将其理解为包括劳动者地位的提高和社会生产组织的变革在内的有机的进化过程。

建设性的后现代主义者则对传统经济教科书中仅把经济系统理解为一个封闭运行的内循环系统提出了批评，认为不综合考量环境、制度、权利等方面，纯粹账面上的经济增长毫无意义，不过是一个自我制造的"永动机"梦幻罢了。作为替代，他们提出了一个类似密尔的概念——"稳态经济"。在稳态经济状态下，人口和产出总量保持恒定，但这并不是静止，因为人口会无限迭代，资本会持续折旧，因此需要以生育抵抗死亡，以生产补偿折旧。

想象一个发展到一定规模的大学图书馆，对其实行总量控制，在买入一本新书的同时剔除一本旧书。而这样做的前提是，新书无论在内容和其他质量方面必须超过和包容旧书的全部，这就是一个典型的稳态图书馆——它避免了藏书总量虚假繁荣之下毫无意义的重复建设。传统的稀缺性假设仅限于指向自然资源相对于人类的无限欲望所表现出来的有限性，而不是自然资源本身具有的物理属性所表现出来的有限性，因而这种场域中的稀缺性始终是相对的，是与一定阶段的技术水平深深地相互嵌套和勾连在一起的，它并不潜含着资源可枯竭型的前景暗示，"主观价值—边际效用"的方法论让人们看到的是，即便世界仅存最后一个单位的资源，那么市场机制仍然能够使其达到最优配置。经济理性的过度扩张切断了人与自然、人与环境之间曾有的淳朴关系，增长的技术神话隐含着对人类前景的漠视。

在追求"高质量发展"的新时代背景下，反思消费社会加诸我们的种种可能的危机，正当其时。

第四节　物体系中的符号消费：鲍德里亚的奇幻之旅

年终岁末，逢年过节，是"剁手"消费、添置新物的时刻。

近年来，一些城市还出现了一种新的行当——职业整理师。我曾在读完一篇关于职业整理师的新闻报道后评论：职业整理师的高明之处在于，他不是在整理物，而是在整理物和人的关系，在理顺"物体系"。物的激增，包围和吞噬人的空间，最后作茧自缚，摆不平这种"人—物"之间的复杂关系和空间上的不平衡、不匹配，只能通过外包、假手他人来重新规划空间内部的结构关系，这是当下我们所生存其间的现代消费社会的物体系不断膨胀的结果。

如同卡尔·波兰尼从市场的全面嵌入着手，透过市场经济而至市场社会；鲍德里亚也从消费的动力结构出发，从消费经济拓展为消费社会。从 1968 年出版的《物体系》出发，鲍德里亚开始以一种敏锐的目光洞见工业化盛期的某种嬗变及其背后的精神现象——由物的消费到符号消费，进而对这个恢宏奇幻的“物体系”展开一场探险之旅。

一、从效用到符号：物体系的宏大叙事

工业革命以来的现代社会，是一个人被物，特别是被人造物所包围的复杂结构。这是鲍德里亚半个世纪前的判断。第二次世界大战后的长期和平，弹性的生产方式和制度，既释放了高速扩张的产能，也加快了日常消费的步伐。“诗与远方”不见踪迹。打卡上班，柴米油盐，活在当下，成为人生常态。消费，成了活在当下最有力的“证明”。消费成为日常生活的中心、社会运转的中心，渗入生活的各个细节，让它们可交易化。前不久马云在一个访谈中表示，每天晚上约有1 700万人逛淘宝，但是什么都不买，他由此建议商家不要专注于购物，而应更重视体验、趣味、交流、分享。其实，是消费改变了生产的逻辑，不再是为生产而消费，而是为消费而生产。物的消费时代结束，一个符号消费的时代降临了。

物的功能性需求让位于符号象征的需求。使用价值和交换价值，是经典的劳动价值论所内设的商品二重性的两个维度。鲍德里亚实际上提出了另一个维度，即符号价值，具体表现为物的标识、象征、体验、企业形象、审美、广告等带给人的心理慰藉与满足，表征消费者的不同地位、声望和时尚的内涵。越能显示拥有者和使用者的社会地位、声誉、时尚的物，其符号价值越高。符号价值事实上是一种人的主观感受加载于商品之后的人为“赋值”。它是一种信息，构成商品呈现于外在的、抓人眼球的某种意象，也成为消费者感性的选择对象。心理学家丹尼尔·卡尼曼称之为体验效用。这是在商品的二重性之外，以“信息、体验、符号”为特征的第三重属性。“天价月饼”之类的过度包装、买椟还珠现象之所以会不断发生，符号价值是一个不能回避的因素。相同马力、品牌的汽车之所以会产生巨大的价差，外观设计的差异性产生的符号价值也是不可忽视的一个方面，因为人们对某一汽车的消费，不是由汽车本身的运输功能决定的，而是由其所映射的社会地位决定的。

极而言之，人们其实不是在消费物本身，而是“托物言志”，把物用来作为突

出自身个性的意义符号。如此一来，对符号的需求就压倒了对功能的考量。上海的冬天难熬。从功能上说，军大衣的保暖性能极佳。十几年来，每到冬日，我总要翻出以前在劳保商店买的军大衣穿在身上。但，仅仅是在家中。有一次赶去上课，急匆匆穿着军大衣冲出房门后，突然意识到哪里“画风不对”，于是又回去换了身衣服。这就是对职业要求、审美要求的考虑占了上风。前些年，我去皖南调研一家农业龙头企业。负责人介绍说，他们找到了对接大上海城市发展的新兴消费需求，每日订单不断，是一个新兴的市场。他们的主要业务，就是把各类蔬菜瓜果分门别类，按照不同菜品所需的食材原料，有计划按比例地匹配，再加以精致包装，送到沪上一些高级白领遍布的写字楼中。这类需求，说到底是现代社会分工精细化之后的结果。白领、金领们要营造的是这样一种氛围：虽日理万机、无暇抑或不愿光顾农贸市场采买一手材料，但可以省去摘、洗、切各道环节，直接奔赴“最后一公里”——掌勺炒菜。这或可称之为一种“上得厅堂、下得厨房”、自力生活的小布尔乔亚幻象，一句广告词很能概括这种状态：腾出空，去生活。因此，他们买的，也不是蔬菜瓜果的使用价值，而是一种被符号化的生活水准和姿态。同样的道理，每逢周末举家开车奔赴郊区农民的“家庭农场”“庄园”的三口之家，也绝非贪图什么“摘到多少算多少”的套票优惠（事实上农民绝不会亏本），而是“功夫在诗外”，追求一种亲子体验的符号价值。

在鲍德里亚的物体系理论中，物有四分：一是作为器具，具有使用价值，这是一种功能逻辑和实用逻辑；二是作为商品，具有交换价值，这是一种经济逻辑或市场逻辑；三是作为象征，这是一种象征性的交换或礼物交换的逻辑；四是作为符号，这是一种价值或地位的逻辑。一枚戒指具有使用价值、交换价值，但一枚婚戒，还承载着特殊时刻、特定个人附加其上的特别意义，具有符号价值，并不是丢弃后可以用市面价值就能补回的一般物。在消费社会这个全新的社会形态中，物的存在方式发生了根本性变化。物之所以是物，不是通过它的实际功能来显示，而是通过它与主体的独特关系、与他物的相互“混搭”中显现出来。

二、从赋魅到祛魅：家具的现代性嬗变

在鲍德里亚的分析框架中，我们借由工业革命而进入的这个现代社会里，物

品的结构发生了某种细微而根本性的变化，他称其为功能的零度化。这就是说，从技术层面上，物的功能可以随意拆解、排列、组合，而使物原本的象征意义消解，变成了一种纯粹功能性的符号意义体系，这是物本身存在的合法性基础。

如同古典经济学家经常以鲁滨孙为例、从物物交换来逐层揭开整个商品世界交换规律的大幕一样，鲍德里亚观察如此庞杂的工业时代物体系的切口也十分精准到位，他选择的分析对象是：家具。我们必须要为鲍德里亚对家具不厌其烦地解读而击节叹赏。家具的摆设是一个时代的家庭和社会结构的反映，而家具摆设的变化又可以折射出社会生活的变迁。

鲍德里亚观察到，古典时期父权制结构下的家具陈列具有如下特征："所有的家具，功能各异，但却能紧密地融合于整体中，分别以大餐橱和位于房中央的大床为中心，环布散置。倾向于往中心聚积，对空间进行填充和隔断，功能单一、不易移动、庄严巍然、等级明确。每一个房间有其特定用途，每件家具互别苗头，相互紧挨，并参与一个道德秩序凌驾空间秩序的整体。"①这样一套精巧而深邃的文化符号系统，在中国古代也相当发达。穿行于江南、徽州等地的明清古居之中，足以体会当下"日用而不知"、习焉不察的某些语词、习惯背后的文化根基，何为"深闺"，何为"大门不出，二门不迈"，何为"（名）明堂"，一目了然。深宅大院中，处处体现一种等级秩序，越往深处，层级地位越高，每深一层，地平面便升高一级，丫鬟、仆人、小姐、老爷，不同身份在大的格局中安排有不同的面积、方位、朝向，尊卑鲜明。古典时代的家居和家具，当然也有效率和实用的一面，但总体上说，无论从建筑材料还是建筑法式上看，都是在地化的，体现了一定的地方性知识和宏大威严：大户人家有大户人家的大威严，破落户也有破落户的小架子。这样一套等级森严、保守内敛的文化符号体系，应用于现实生活诸方面，以累积强化的自我暗示来规约教化人们的言谈举止。

现代社会打破了这种僵硬的结构布局，个人要独立、性别要解放、家庭要革命，一切坚固的东西都烟消云散了。那些宏大庄严、动摇不得的陈列规则甚至家具的内在构成，都逐渐改变。在古典时期，家具是属人的，人赋予家具灵魂，灌注

① ［法］布希亚：《物体系》，林志明译，上海人民出版社，2001年版，第13页。

给家具一种情感和灵性。人与物的紧密联系,使物获得一种被个人、家庭和社会关系所支配的道德向度和象征价值。在现代社会,家具摆设中的象征意义已被剥离,其布局结构也不再反映人际关系。我们如果“脑洞”大开、反转自身,从物的角度来反观人的话,那么不妨把马克思关于“人对人的依赖—人对物的依赖—人的自由全面发展”的三段论借用过来,物的现代革命的第一步,就是摆脱了“对人的依赖”,成为纯粹的功能器具,拒斥任何外力施加其上的情感和价值。对于人来说,这是物的“造反”;对于物而言,这是“自我”的“解放”。

家具不再成为专属于某一个体、家庭、家族的祖传物件、老古董,获得了功能性的解放。家具不再是被整体性地定制生产,而是在现代工业的分工体系中被化整为零、拆分为一个个零部件,再经过后期组装。与现代社会对居住空间的“极限施压”“改造挖潜”相匹配,家具在使用价值层面上也开始追求“一专多能”(比如沙发床)。于是我们能够看到各种十几平方米的房间经过改造,产生三十几平方米的空间感。那得益于家具的现代性转变,变得可以消隐、伸缩、机动、灵活。

于是,失去意义后的同质性元素就可以通过无限组合,重组为一个系统化的人造自然。要理解鲍德里亚所说的“功能的零度化”,一个非常具象化的生活案例是宜家——一个具有引领性的全球化家具零售商。宜家的产品特点是标准化,略夸张一点说,消费者从宜家买回去的都是一堆板材,只不过是标准化的板材。然后根据说明书,配合标准化的专用工具,自行将这些板材组装、安置在房间里。同样一块木板,可以被用来组装为沙发,也可以被用来组装为书柜。这就是现代家具。对于我们而言,它们既没有那么长的寿命和历史,见证人世代谢、王朝兴衰;也没有那么多的故事和情怀,拆不得、动不得。它们可以随时组装,随时拆卸,毫无情感负累。是所谓功能的零度化。

由此说开去,不禁想到高校的学生宿舍经常会评选文明宿舍、文明寝室,选出来的往往是那些窗明几净、一尘不染的宿舍,每每让人觉得太怪异、不真实。太过干净,功能架空了灵魂,反而失去了生活气息,有时恰恰是需要给物“还魂”“返魅”,重新赋予其象征意义,让寝室更有人气。与之相反的则是数年前一些大城市流行的“胶囊公寓”,尽管设计者、运营者一再宣称是为刚刚工作的年轻人减轻负担，可这种两平方米左右的空间，抽离了“家”的符号意义，完全是一种经过精致算计的功能性空间。说得难听些，那样一种结构，与太平间的停尸房又有何异？

三、从能指到所指：符号消费建构消费社会

物因其使用价值而被消费，也因人们对其功能性需求而被消费。消费的过程就是物从使用价值转变为交换价值的过程。鲍德里亚则借助于索绪尔的符号学理论，修正了使用价值的概念，认为物质客体与其代表的精神、概念之间没有内在或天然的联系。

“能指”和“所指”，是符号学的一对重要范畴。索绪尔认为，语言符号的性质不能被看作一种对实在的分类命名集，恰恰相反，是语言系统中创造出概念、范畴。语言符号所联结的不是事物和名称，而是概念与声音形象。因此，所谓能指，就是语言的声音、形象，是我们通过自己的感官所把握的符号的物质形式。比如英语的“tree”这个单词，当我们通过声带发出“[triː]”的声音，这个发音就是它的能指。所谓所指，就是当能指这样的声音、形象在社会的约定俗成中被分配到与某种概念发生关系的时候，在使用者那里激发的精神意识、思想观念上的联想。简单说来，就是能指是表象，所指是意义、本质。

让我试举几例。之所以曹操能够让士兵们望梅止渴，就在于后者看到梅的形象，甚至听到曹操口中梅的声音，就立刻联想到喉咙处酸溜溜的感觉。之所以以前某个方便面品牌广告会说“×××方便面，香喷喷，好吃看得见”，就在于消费者透过视觉符号的能指，立刻激发出味蕾的感觉。当锦鲤被赋予幸运这一属性，那么看到锦鲤的形象，就能引起人们精神上的愉悦，也因此，在一片转发锦鲤的浪潮中，那一条学术性的调侃颇有见地——“转发这个鲍德里亚，意识到你们所转发的锦鲤都是消费符号”。春节晚会上，80后看到小虎队、00后看到TF-BOYS，听到他们的歌声，他们有必要意识到，这些符号能指背后的所指是时代、回忆、情怀。当然，导演看到的是流量。也正因如此，明星的“人设”是要精心呵护而不能轻易崩塌的，因为人物形象是一种能指，人格设定则是一种所指，吃瓜

群众一旦将两者关联并固化下来，就绝不会容许这个符号体系的幻灭。不懂中文的外国网友难以理解为什么中国人平安夜吃苹果，那是因为“苹”“平”同音，能指的“迁移”指向了平安这样一个吉祥的所指。同理，五星宾馆不能有“四楼”，当然也不是人为抹平了这一层楼，而是用“掩耳盗铃”的方式避开“四”这个能指，因为它会让人联想到“死”的意象。“讨口彩”，无非就是一场能指、所指的文字游戏。

那么，鲍德里亚是如何借鉴符号学的框架改造其符号消费理论的呢？他认为，在消费社会中，消费不再被视为使用价值向交换价值的转化，而是交换价值向符号价值的转化，我们不妨将这一转变概括为：从传统社会的“为用而买”，到市场社会的“为卖而买”，再到消费社会的“为炫而买”。消费不再是物的消费，而是符号的消费，承载着符号的商品使人对物产生需求而消费，人们对符号的需求远远超过对物的功能性需求。物的使用价值和交换价值被符号所取代，而商品都是以符号的形式呈现出来。物的外观表现是其能指，物的象征意义是其所指。消费活动就此成为一种符号的系统化操控活动。

鲍德里亚认为，20 世纪晚期，消费社会中各种符号的能指与所指发生了断裂：所指的价值被取消了，也就是说，符号形式所指向的“真实”内容已荡然无存，符号只进行内部交换，不与真实互动。这就产生了他称之为“漂浮的能指”(floating signifiers)的现象，而媒体是这些“漂浮的能指”进行配对的最佳场所，尤其是在电视广告中间。需要指出的是，鲍德里亚在 2006 年去世，终其一生，并未见证到如今业已相当发达的移动互联网和大数据时代，因此他较早关注的是电视这一媒体形式。在电视广告中越来越趋向一种非理性的模式，无须建立任何因果和逻辑关联，只要呈现各种符号的随意组合与拼接。这种碎片化、去意义化的风格，就是前述宜家家具式的组装风格。

电视媒体的生动表现力和大众传播特性，为“漂浮的能指”提供了良好栖息地，它们可以被任意编码和支配，以看不见的方式影响甚至操控人们的生活。人们的自由无非是手持遥控器从一个电视台切换到另一个电视台，但看来看去的总是几个相似的“流量明星”“广告宠儿”。他们的形象、声音就是“漂浮的能指”，从卖牙膏切换到卖洗发水、化妆品，从卖手机切换到卖车、卖房子，人们在不知不觉中追随他们的引导暗示、效仿他们的风格范式，投入消费社会的怀抱。全景敞视的社会结构已不再必要，如果需要的话，消费社会通过以媒体为中介的符号操控就可以潜移默化地过渡到一个“美丽新世界”。

鲍德里亚特别注意到，电视与观众之间的关系是单向度的。电视媒体单方面向观众发送、传播电视信号，电视观众只能被动地坐在家里接受电视信号，不可能进行实时主动的反馈回应。尽管今天的电视媒体也有电视购物、电话热线以及互联网电视等新技术的应用，使得电视的互动性有所增加，但总体上说，电视所提供的是一种肤浅的参与形式。电视接受者坐在客厅里就能“秀才不出门，便知天下事”，但是，电视所提供的不是接受主体与一个真实世界的交流，而是借助于技术手段达成的间接关联。

鲍德里亚最为人争议的一次言论在于，海湾战争并未发生。他的真实意思是，早在海湾战争开始前，这场战争就已经在电脑这一媒体上精准演练过了。现代战争的特点就在于，媒体上的战争呈现给大众的是“正本”，真正的战争是一种“摹本”。当需要人们支持战争时，战争就经过媒体的“滤镜”成为万米高空之上的一次精准打击、“外科手术”式的电脑战略游戏；当需要人们反对战争时，战争就是血肉横飞、骨肉分离、妻离子散、家破人亡的现场画面。信息时代，我们都活在媒介中。媒介的交流取消了语境，这也意味着，媒介传递给大众的信息是片段式的，甚至可能是断章取义的。今天，当两车交会的时候，坐在车中的两个司机看不见彼此的表情、听不见彼此的声音，只能借助于车灯、喇叭这两种能指来判断彼此意图。今天，当我们隔着电脑或手机屏幕，仅凭键盘打出“呵呵”这两个字或者发送一个“微笑”的表情时，我们已经无从判断电脑或手机对面的人是发出了银铃般的会心一笑、还是反讽式的冷嘲笑。

技术进步带来了沟通的便捷高效，但“面对面”到“键对键”的过程竟导致从文字、声音到表情全部能指的紊乱甚至失灵！这样一个意外后果的存在，也提醒我们把鲍德里亚的忠告放在心上：在这个信息时代，时刻审视和反思符号消费的碎片化超真实场景，远离消费主义的虚妄幻象。

第五节　拜物逻辑的批判：马克思与鲍德里亚

自马克思在《资本论》中提出商品拜物教、货币拜物教、资本拜物教这三大理论命题之后，一百多年来的经济发展与制度变迁的过程，游荡在现代性时空背景中的拜物逻辑的幽灵，始终成为一切真诚关注于人类之前途命运的思想家们头脑中挥之不去的一个重要议题。鲍德里亚在《物体系》《消费社会》《拜物教与意识形态》《生产之镜》《象征交换与死亡》《完美的罪行》等著作中，对当下社会的政治制度、经济体系、社会意识形态所内含的拜物逻辑，做了深刻的批判和解读，反映的正是马克思关于货币化生存世界哲学批判的学术传统。值得重视的是，两位思想家所思考的对象并非是一个简单的实体经济问题，而是一个深刻的颠覆人类心智进化认知传统的问题。在当下中国这样一个现代性状况与后现代性体验并存的时代背景下，对马克思与鲍德里亚的拜物逻辑批判的思想与方法进行比较研究，对于理解与解决社会主义市场经济与现代化过程中一些深层问题有着现实的针对性。

一、两种坐标，两条批判路径

对拜物逻辑的批判是马克思和鲍德里亚社会批判理论的思想兴奋点，但由于所处时代的不同，其批判的坐标和分析路径也迥然不同。

19 世纪马克思所处的时代正处在西方近、现代化过程深度发展的拐点期。16—18 世纪宗教革命、政治革命和工业革命的发生发展，导致 19 世纪资本主义制度与意识形态趋于成熟，被桑巴特称为“盛期资本主义”。贝尔指出：“在盛期资本主义，利润原则和经济理性主义影响着一切经济关系。市场扩大了，营业量增加了，科学的机械技术被利用了，各种关系已不具人的性质而体制化了。”①随

① ［美］贝尔：《后工业社会的来临》，高铦等译，商务印书馆 1984 年版，第 75 页。

着自由资本主义向垄断资本主义过渡,生产的社会化与生产资料私人占有矛盾日趋尖锐,总资本与总劳动的对立,导致了大规模生态灾难和阶级冲突的出现。资本主义生产模式显示了对人的创造活动的本质的否定。20世纪鲍德里亚所处的时代特征突出反映在三个方面:一是由现代性的生产时代转向现代性的解构时代。对理性主义传统的质疑和对多元性、不确定性的关注,使得资本主义所具有的鲜明精神特质开始萎缩,个人对社会行为的思辨的偶然性下降,社会意识的离散度和异质性凸显。二是资本已从少数人的垄断行为转向利益多元化的组合行为。资本的全球化和市场处于全球网络化阶段,资本的所有者与资本的经营者分离;资本之间的联合成为势所必然;个人资本的联合在股份制的黏合下往往采取社会资本的形式,它直接与私人资本相对立。加之投资主体呈现多元化发展趋势,资本已成为多样性主体利益的组合体。三是经济社会的总特征已从过去的生产型社会转向消费社会。消费行为的整体已成为构筑市场的符号,变成了资本的作用对象。消费已被大众传媒幻化,在象征、符号、欲求、认同的驱动下,西方社会发生了结构性变化,人的生活已去中心化,生活的意义不再只是"工作",更多的是休闲与游戏。人们特别注重追求富有个性的生活方式和精神需求,消费从市场领域向社会领域广泛侵入;从一般意义上的社会经济活动转向具有文化霸权意义的消费主义意识形态的实践活动;从人的感性物质生活的本能诉求,上升到人的精神世界的符号体认。消费社会已成为西方后工业社会的主导特征之一。

时代内涵不同,决定了两位思想家对拜物逻辑批判坐标的核心概念各有差异。

马克思对拜物逻辑批判坐标的核心概念是资本。之所以如此,有三个主要原因:第一,马克思以其毕生的精力投入到对资本及其运行规律的解剖之中,马克思一生最重要的巨著是《资本论》,而《资本论》中最重要的两大理论贡献——劳动价值论、剩余价值论,都与对拜物逻辑的批判密切相关。劳动价值论是古典经济学初建时期用以反对重商主义、重农主义的主要理论手段,马克思批判地继承、并从人学的角度发展了斯密以降的劳动价值论传统,他对资本主义社会中资本对劳动、机器对人、物对主体的剥夺和颠倒给予了深刻的批判:"资本已经变成了一种非常神秘的东西，因为劳动的一切社会生产力，都好像不为劳动本身所有，而为资本所有，都好像是从资本自身生长出来的力量。”[①]第二，马克思在其著作中无论是揭示还是批判拜物逻辑，其深刻的思想意图就是在于揭示资本的本质，在于回答资本的人学问题、资本的精神现象学问题、资本的历史进化论问题，而这些问题归根结底就是在讲清一个重要命题——人的异化及异化的扬弃。第三，马克思对拜物逻辑的批判是对现代性逻辑程式的深刻揭示，也是对现代性背后所关涉的人类的遭遇和未来的命运所给予的科学思考与人文关怀。事实已证明，现代性离不开资本的脱域性，在资本的驱动下，现代性属人的最重要特征是：在人对物的依赖关系的货币化生存世界里，人类的拜物意识所引起的物化、幻化以及异化现象不可避免。因此，对资本的批判也就必然关涉到对拜物逻辑的批判。

在马克思以资本为轴心的拜物逻辑批判坐标系中，有三个标示着不同批判维度的方向矢量：第一个方向矢量是制度分析，在马克思看来，拜物逻辑源自私有制、贪欲跟劳动、资本、地产这三者的分离之间的本质联系，以及交换和竞争之间、人的价值和人的贬值之间、垄断和竞争等之间、这一切异化和货币制度之间的本质联系。对私有财产制度的积极扬弃，将是解决物化与异化现象的最终途径。第二个方向矢量是政治哲学，即批判拜物逻辑与无产阶级政治使命和解放事业联系起来。第三个方向矢量是历史哲学，马克思从人类历史发展的三大阶段（以人的依赖关系为特征的社会、以物的依赖关系为特征的社会、共产主义社会）来分析与揭示拜物逻辑产生的客观性和过程性，并且把拜物逻辑的消亡理解为人性异化的扬弃，以物为目的的生产被以人为目的的生产所替代，它体现了历史发展的辩证法。

鲍德里亚拜物逻辑批判坐标的核心概念是消费。他指出：“消费是个神话。也就是说，它是当代社会关于自身的一种言说，是我们社会进行自我表达的方式。在某种程度上，消费唯一的客观现实，正是消费的思想，正是这种不断被日常话语和知识界话语提及而获得了常识力量的自省和推论。”[②]消费之所以是核

---

① ［德］马克思：《资本论》（第3卷），人民出版社2004年第2版，第937页。

② ［法］鲍德里亚：《消费社会》，刘成富、全志钢译，南京大学出版社2006年第2版，第163页。

心概念，是由于：第一，鲍德里亚的毕生学术贡献主要凝聚在对消费社会的解剖之中。鲍德里亚的第一部作品，也是他的博士论文《物体系》，由对现代社会物的区分、功能及其意义出发，最终得出“要成为消费的对象，物品必须成为符号”的结论，这便有了《消费社会》一书对现代社会中人对物的消费行为及其深层机理的全面解读。对消费逻辑的确证自然引申出对传统政治经济学及其生产逻辑的否定，这是随后的《符号的政治经济学批判》《生产之镜》《象征交换与死亡》《拟像与模拟》等著作的写作主旨。后期鲍德里亚的写作风格转向后现代，但在《完美的死亡》等一系列晚期著作中仍然可以感悟到其早年对消费社会批判的回响。鲍德里亚一生通过对消费本质的揭示来说明当下人类的拜物问题，在他看来，这种拜物与传统的拜物的根本不同就在于：在资本的驱动下，人成了符号的役使者，成了传媒的被操控者，成了物的指称对象。第二，鲍德里亚对消费社会研究的根本目的是要宣布当下社会的三个重要命题：一是当下的人类摆脱了传统的人对人的依赖和束缚，却仍未摆脱物的重重包围；二是当代人被其自身对物的力量、影像、想象、幻觉、符号所干扰、围困和决定；三是已经步入后工业社会的西方世界，随着消费领域的革命，产生了一系列新的社会拜物问题——如果说马克思的时代，资本与人的关系表现为一种非常僵硬的对立状态、资本对人的剥削非常明显从而使得大部分人相当贫困的话，当下的时代中，这种对立与剥削的性质已完全隐蔽化，尽管出现了为数众多的中产阶级，但他们在物质丰裕的同时，拜物的秉性未改，精神仍然匮乏。

在鲍德里亚以消费为轴心的拜物逻辑批判坐标系中，同样存在着三个标示着不同批判维度的方向矢量：第一个方向矢量是对消费的意识形态的批判，而这种意识形态又是与媒体的摹本效应合二为一的。鲍德里亚指出：“这种盲目拜物的逻辑，就是消费的意识形态。”[①]人对物的印象以及对物的崇拜通过现代大众传媒及相应技术而无限放大，并在人群中产生交互式影响，形成集体无意识。第二个方向矢量是从社会符号逻辑的角度展开对人的个性的自主性、独特性张扬的揭示与批判。随着现代社会城市化进程的加快，大量人口流向物资充裕的城

① [法]鲍德里亚：《消费社会》，刘成富、全志钢译，南京大学出版社2006年第2版，第32页。

市、超市、大卖场、剧院、音乐厅等各种形态的物的消费场所吸引了大批新的消费阶层。都市生活有种种社会刺激使人受到压抑，生活中各种社会的给予性，为满足社会需求。人身处这样一种消费社会中会真实地感到一种孤独，表现出一种追求自主性的个性，反映在它对自己追求的一种不断的自由选择、变化，也带来对自身存在的社会确证。商品本身是什么无关紧要，重要的是对商品所抽象出的符号的寓意的持有，这种持有本身被视作品位和个性的象征。正是从这个意义上，鲍德里亚把对拜物逻辑的批判理解为对"生产与驾驭社会符号的逻辑"的批判。他指出："这种逻辑根本不是那种把财富和服务的使用价值占为己有的逻辑——不平等的丰盛逻辑，一些人拥有奇迹权，而另一部分人唯有奇迹的碎片——这不是令人满意的逻辑，这是生产与驾驭社会符号的逻辑。"[①]第三个方向矢量是作为社会存在本体论的消费。整个社会都是建立在消费这样一个基本砖块的基础之上，消费不仅突破了在传统古典经济学框架下的从属性地位，也超越了新古典经济学对它的文本解读，从而超出了纯粹的物的领域，成为一种文化活动、一种意识形态、一种精神动力、一种社会控制模式，在更深广的本体论层面推动着拜物逻辑的新一波浪潮。

鲍德里亚对拜物逻辑的分析路径更加侧重于人的精神和心理层面，我们可以将这条路径概括为"不断被开发着的欲求—符号的人与人的符号化—社会心理的认同"这样三个阶段。首先，鲍德里亚是从现代人的欲求出发。现代社会把人对物品的需要、需求抽象上升为一种人的本质存在的规定性，所谓"人为财死，鸟为食亡"成为人的一种生命观、价值观，对物的追逐充斥了人的生命意义的全部。在消费社会，对消费的一切分析都最终将其归结到一种人类学或心理学意义上不容置疑的逻辑预设上，即关于人的需求、需要的理论，而人自身却已很难鉴别欲求和需要的真伪。民主主义与福利主义双重影响下的现代社会里，"消费者主权""顾客是上帝""满足消费者需求"的声音不绝于耳，遗憾的是这仍然是一个神话。马尔库塞指出，人们的需要存在真实与虚假之分，而判断真假的标准固然取决于每一个体自身，但是只要人们仍然处于不能自治自觉的状态，就有可能

① ［法］鲍德里亚：《消费社会》，刘成富、全志钢译，南京大学出版社2006年第2版，第33页。

受到外界力量的干扰、灌输和操纵，从而误把虚假的需要当真，坠入集体无意识的深渊之中。[①] 这种将一切归结为人类需要的理论被鲍德里亚讽为"一种惊人的反复叙事"，"我买它是因为我需要它"的理论实际上和依靠自身燃素而燃烧的火焰是等值的。其次，为了人的填充这个永远无法餍足的人的欲求，人在对物的追逐过程中化为符号，即符号化的人与人的符号化。整个社会成为一个大的系统，按照系统的需要对人进行功能性区分，"这个系统需要有人作为劳动者(有偿劳动)、作为储蓄者(赋税、借贷等)，但越来越需要人作为消费者"[②]。个体被归类、编码、排序，"所有关于消费的话语都想把消费者塑造成普遍的人""消费的主体，是符号的秩序"[③]。最后，人在对物的占有和消费过程中在心理上获得了一种社会认同。消费社会中，对物的占有不仅能够满足生理需求，更为重要的是带来一种强大的心理满足。这种满足超出了对物的实体性消费，进而对外释放一种符号信息，当物成为系统化的符号，消费行为成为系统化的符号操控行为后，人与人之间的关系也通过物而被消费。这种映射着人际关系的消费就会自动地形成社会分层，并制造出消费者的心理认同。人们所推崇和膜拜的不再是物的使用价值本身，而是物的交换价值中所映射出来的身份和地位。

二、拜物逻辑内在程式的批判：物化—幻化—异化

马克思和鲍德里亚对拜物逻辑的批判，存在着共有的内在程式："物化—幻化—异化"，即由对物性的抽象化过渡到主观精神的幻化，再到人的主体性存在的颠覆与丧失。实际上，两位思想家在两种不同的时空条件下对拜物逻辑的批判，最终被还原为对货币化生活世界的经济哲学批判，对人类生存方式的历史哲学批判。

---

① [美]马尔库塞：《单向度的人》，刘继译，上海译文出版社2006年版，第6—7页。

② [法]鲍德里亚：《消费社会》，刘成富、全志钢译，南京大学出版社2006年第2版，第54页。

③ [法]鲍德里亚：《消费社会》，刘成富、全志钢译，南京大学出版社2006年第2版，第162页。

（一）物化

马克思对物化的研究是深刻而富于开创性的，主要体现在两个方面。第一，马克思对物化的原因作了深刻地透视。认为物化发生在“社会物”的历史环境中，而不存在“自然物”的演化变迁中。物化是历史哲学范畴，它是对社会历史进化过程中，人与“社会物”的基本关系的思考。物化是人类历史发展到以资本为轴心的私有制社会形态里，它反映了人的生存如此状况：个体私向化生活的不完全性和局限性导致了由分工、交换而出现的社会关系的变异性（人与人之间的关系不表现为自觉的社会关系，却表现为物与物之间的关系）。物化分两类：①劳动的对象化或物化，它反映了人的智力进步和生存自由状态。它不是对人的否定，而是对人的肯定。②社会关系的物化，主要指在资本主义社会里，人与人关系的内在维度失去属人的高级品性，生存目的被生存手段所制约，历史主客体关系发生易位。人与人关系的相互连接是多方面、多维度的，这里的内在维度，主要指在诸多特定因素和条件的影响下所构成的人与人关系相互连接的某种性质。而外在维度则指由该性质所表现出的外在形式与特征。内在维度的性质呈物性而不是人性时，物化便发生了。作为物化的社会关系和体现这种关系的经济范畴、经济学说，是马克思最为关注的批判领域。作为劳动的对象化或物化，它是人利用或改造自然物的结果，就其物理和生理特性而言，服从于自然规律，与自然物不同的是，它与人的生理需要和社会需要相联系。在这一点上，马克思特别强调该物化现象的客观性和可知性。第二，马克思对社会关系的物化作了辩证地分析与批判。首先，明确指出了人对物的依赖关系替代了人对人的依赖关系所具有的历史进步性。由于第一阶段生产的社会化程度有限，人只能依附于社会权威的强制性力量，在此阶段，“无论个人还是社会，都不能想象会有自由而充分的发展”①。在商品经济条件下，“活动和产品的普遍交换已成为每一单个人的生存条件，这种普遍交换，他们的互相联系，表现为对他们本身来说是异化的、无关的东西，表现为一种物，在交换价值上，人的社会关系转化为物的社会

---

① 马克思，恩格斯：《马克思恩格斯全集》（第46卷）（上），人民出版社1979年版，第485页。

关系，人的能力转化为物的能力”[①]。对这种转换，马克思给予了充分的历史性评价：“资产阶级在它已经取得了统治的地方把一切封建的、宗法的和田园诗般的关系都破坏了。它无情地斩断了把人们束缚于天然尊长的形形色色的封建羁绊，它使人和人之间除了赤裸裸的利害关系，除了冷酷无情的‘现金交易’，就再也没有任何别的联系了。”[②]也就是说，封建的自然经济被商品经济所取代，意味着以权力配置社会资源的形式已被以货币、资本配置社会资源的形式所代替，自然形式的共同体已被社会关系的共同体所取代，人与人之间的社会关系由纯粹的自然关系过渡到物与物的商品关系，这是历史的进步：人性获得了张扬，尽管它是不完全的、不充分的，个人能力的发展与个人个性的限制同时并在。其次，马克思对社会关系物化的历史片面性作了深刻地揭示：①导致一种错误的形而上学：物化被视为始基意义上存在的社会存在本体论。物化成为抽象的思辨形式，成为社会普遍性存在的逻辑之格。其要义为：把一切社会关系归结为物与物的关系；把一切人的需要归结为财富与物质利益的需要；把一切社会存在与发展的动因归结为单一的经济因素；把一切存在的价值归结为交换价值。在感性的经验世界里，本质地反映为用货币和资本的关系量度一切。②物化赋予社会存在的遮蔽性，必然导致人的拜物意识。人与人之间的关系被商品交换关系所掩盖，以至于“商品形式在人们面前把人们本身劳动的社会性质反应成劳动产品本身的物的性质，反映成这些物的天然的社会属性，从而把生产者同总劳动的社会关系反映成存在于生产者之外的物与物之间的社会关系”[③]。③“以物的依赖性为基础的人的独立性”是商品经济社会的根本特征，它一方面产生了由社会分工带来的人的能力发展与人的个性发展的内在矛盾性，另一方面为社会构建了一种经济制度，即建立在私有制市场、生产契约和交换自由的基础上，以及建立在个人自由和自利基础之上的自发经济制度，该制度最大的弊端是：生产的社会化与生产资料的私人占有之间的矛盾。在马克思看来，这种矛盾正是社会关系物

① 马克思，恩格斯：《马克思恩格斯全集》(第46卷)(上)，人民出版社1979年版，第103—104页。

② 马克思，恩格斯：《共产党宣言》，《马克思恩格斯选集》(第一卷)，人民出版社1995年第2版，第274—275页。

③ 马克思：《资本论》(第一卷)，人民出版社2004年第2版，第88—89页。

化背后所隐含的个人与社会相悖逆的深层原因所在，也是资本主义社会实存着历史的内在否定性的深层原因所在。④对社会关系物化的思辨形式的扬弃，最终表现为：把受分工限制的不完整的个性，发展为完整的个性；自由个人的联合体最终替代由经济关系的自然必然性所形成的人与人之间的社会关系物化形式。

鲍德里亚对物化的解读，与马克思有着共同性：都是从人类精神现象学的角度关注物化问题，把物化视为人类缺乏生命整体关照和丧失类意识的严重精神痼疾；对物化的描述，都伴随着由资本世界物的流转关系所衍生的社会意识形态系统的深刻批判。所不同的是，鲍德里亚处在一个"结束了时间的线性、语言的线性、经济交换和积累的线性、权力的线性"时代，其直面传统的"摧毁"意识和"死亡"意识，以及对物品体系客观分析和对现代社会构成的深刻思辨，构成了他自己独特的理解范式。①他开宗明义地指出，现代社会中物的激增证明了当代人并没有摆脱生存的物化遭遇。在《消费社会》的开篇他感叹道："在我们的周围，存在着一种由不断增长的物、服务和物质财富所构成的惊人的消费和丰盛现象，它构成了人类自然环境中的一种根本变化。恰当地说，富裕的人们不再像过去那样受到人的包围，而是受到物的包围。"[①]在晚年近著《完美的罪行》一书中，他仍然坚持这样一种判断："实在的激增，就如同自然界中人们可能已经消灭的捕食动物的一个种类在迅速繁殖一样，构成了我们真正的灾难，这是一个客体世界不可避免的命运。"[②]在他看来，当代人所遭遇的物化事实，集中地反映在生活世界的消费本质中，消费已不是传统意义上对物品的购买、拥有和消耗，其本质是在物中并通过物而建立的人和人之间的象征关系。②消费导致物化主要通过两个过程：第一，物被生产程序、意识形态程序所编码，并被投入一个象征权力、地位、等级等社会关系内涵的符号系统之中，这种编码组织的力量是如此之强大，以至"没有人能逃开它"。在他看来，消费者的逃跑无法取消这样一个事实——每一天人人都参与了它的集体庆典，把支持这个编码的行动贯彻到它与那个要求它与之相适应的社会联系的自身之中。因此，这是一种社会总体性的

① ［法］鲍德里亚：《消费社会》，刘成富、全志钢译，南京大学出版社2006年第2版，第1页。

② ［法］鲍德里亚：《完美的罪行》，王为民译，商务印书馆2000年版，第18页。

编码，它不仅编码了消费社会所有的物，而且编码了与物相联系的所有的人。因此，人和物的关系发生了实质性变化：从“需要—满足”的关系转变为纯粹符号性的消费关系。第二，人被编码。人被编码不是说人必得和商品发生关系，而是说人的内在性和主体性，包括人和自身的关系，都已被这种编码的力量所分解并转换到符号系统之中去。就好像需要、感情、文化、知识、人自身所有的力量都在生产体制中被整合为商品，物化为生产力，以便被出售；同样，今天所有的欲望、计划、要求，所有的激情和所有的关系都抽象化或物化为符号和物品，以便被购买和消费。在这里并没有所谓个体的需求，需求经过整个生产体制的系统分解和编码已“显现为抽象的社会需求力”。主体的一切，他的身体和欲望，在需求中被分离和催化，并被物品或多或少地加以先在地限定。在需求中，所有的本能都被合理化、终极化和客观化了，因此，被象征性地取消了。通过这样的分解和转化，人自身成了消费品：他和他自身的关系——他的本能、欲望、需要和激情——成了一种购买和消费的关系。因此，在商品和交换价值中，人不是他自己，而是交换价值和商品。“物品变成了系统中的符号，这种身份转换，同时也包含人与人之间的关系的改变，它变成了消费关系……物品成为人和人的关系必要的中介者，而且很快地，又成为它的代替记号，它的不在场无罪证明。”[①]③物化是一个不断被定义、不断被开发、不断被舍弃、不断被更新的过程。物被划分为物的理性层次，即物的客观科技结构化过程；物自身的流变性来自“技术元”不断带来物品功能自身的冲突，并被带入更为广阔的结构中得到辩证性解决，每一系统演变都会走向一个更好的整合，同时产生新的意义。物品成为商品后，由技术体系走向文化体系，物由“客观本义”进入“引申意义”，即商品被心理能量所投注、被商业化、个性化。于是，物化表现为人的需求往往不去追求商品内含的技术本质，却沉湎在个性化地接纳商品技术非本质属性所展现的外在形式方面，是物品的引申意义将物品的技术体系固置化、套式化，并使它退化，并且要求并推动物品技术体系的变革。④物品的“引申意义”制约并决定着人的个性化存在。物品被社会系统所设计，物成为一个持续突变及扩展的社会集合体。物品的符号功能

① [法]鲍德里亚：《物体系》，林志明译，上海人民出版社2001年版，第223—224页。

通过媒体实现对社会的操纵，侵蚀人的心智结构，改变着人的行为及人际关系系统。⑤人把对物品符号的欲求作为生存的至上原则，物化意味着物品的合理性和需要的不合理性之间的矛盾，物品的生活体验真相持续地与物品合理性的分离。弗洛姆对此有过揭示，他认为有两种方法可以使主体与物联系起来：一是与具体的物相联系，则此物就具备了不可替代的特殊性、差异性；一是与抽象的物相联系，则只能突出同一类物的共有品质。而在当代西方文化中，"只提到人对物的抽象倾向，忽视了关系的具体性和独特性。我们不是形成一些必要的、有用的抽象概念，而是把一切，包括我们自己，都抽象化了；抽象的概念以及体现着不同量而不是不同质的幽灵代替了人和物的具体现实，即我们可以与之联系的具体现实"①。现代社会的拜物逻辑的特点正在于：物品质料因通常被抽象为某种形式因，从而把形式因看成本体的始基意义上的存在。物化过程就是以人的理性从个别的质料因中抽离出一种"共相"，在将物的地位提高到一定的高度之后，还要把物的文本经过消费行为转换成一种拜物主义的意识形态文本和社会控制意图灌输进人的大脑，催生了整个日常社会生活与精神状态的变化。社会关系采取了物的形式，人反为这种物所奴役；人的实践主体性被扼杀，人被降到了物的水准；人的活动变成了一种非批判的、单纯接受性的机械运动。人们已习惯于生存在一个物化社会并自得其乐，开始自觉地认同物化社会的这种物役性。这表明物化结构积淀到了人的思想结构中，人不仅在意识上缺乏超越这种物化的倾向，反而将这种物化结构当作外生于人的活动的不可背反的规律和人本来的命运加以服从，完全听任物化力量的摆布。

（二）幻化

马克思和鲍德里亚在批判拜物逻辑过程中都提及主观原始意象的精神幻化问题。在他们看来，商品世界人的拜物意识所体现的精神幻化，起源于被物化了社会存在对人的主观意识的侵扰，使人对外部世界的认知系统和评价系统发生根本改变。幻化尤其发生在货币符号或消费符号被实体化、主体化和神圣化的

① ［美］弗洛姆：《健全的社会》，孙恺详译，贵州人民出版社1994年版，第90页。

过程中，其实质是用交换价值的某些抽象符号来通兑整个生活世界的固有价值。拜物意识的幻化有着发生认识论根源，康德曾在《实用人类学》中对人之主观幻化生成的逻辑做了诠释："幻象是这样的错觉，尽管人们知道这种被误看作对象的东西并非真实，它却仍然存在着"，幻化来自具有自我意识特征的主体产生的对两种不同类型的想象力，"想象力作为一种即使对象不在场也能具有的直观能力，要么是创制的，这就是本原地表现对象的能力，因而这种表现是先于经验而发生的；要么就是复制的，即派生地表现对象的能力，这种表现把一个先前已有的感性直观带回到心灵中来"。[①] "人的想象力的加强所产生的幻觉，经常导致他相信在自身之外看见和感到了仅仅在他头脑中的东西。"[②]

马克思对拜物意识的精神幻化的考察集中体现在《资本论》中，该著作从某种意义上说，也是一部关于资本的幻化及其本质揭示的科学著作。其思想要义主要有：①拜物意识的精神幻化由商品生产的本性所决定。马克思深刻地揭示了商品拜物教、货币拜物教、资本拜物教的性质及其秘密。在他看来，商品拜物教是人对商品崇拜而导致的精神幻化的结果。商品之所以成为"可感觉而又超感觉的物"，成为充满形而上学的微妙和神学怪诞，成为"从它的木脑袋里生出比它自动跳舞还奇怪得多的狂想"，原因并不来自商品的使用价值，而是生产商品的劳动所特有的社会性质。马克思指出："商品形式在人们面前把人们本身劳动的社会性质反映成劳动产品本身的物的性质，反映成这些物的天然的社会属性，从而把生产者同总劳动的社会关系反映成存在于生产者之外的物与物之间的社会关系。由于这种转换，劳动产品成了商品，成了可感觉而又超感觉的物或社会的物。"[③]在以私有制为基础的商品经济中，商品所体现的人与人之间的社会关系，表现为物与物的关系，这些物具有了一种神秘的力量，它控制着商品生产者，支配着商品生产者的命运，为商品生产者崇拜和迷信。这就是商品拜物教的性质和秘密。货币拜物教是商品拜物教的发展形式。"货币主义的幻觉是从哪里来的呢？是由于货币主义没有看出：金银作为货币代表一种社会生产关系，不过

---

① ［德］康德：《实用人类学》，邓晓芒译，上海人民出版社 2005 年版，第 53 页。

② ［德］康德：《实用人类学》，邓晓芒译，上海人民出版社 2005 年版，第 56 页。

③ 马克思、恩格斯：《马克思恩格斯全集》(第 44 卷)，人民出版社 2001 年第 2 版，第 89 页。

这种关系采取了一种具有奇特的社会属性的自然物的形式。”①显然，当金和银因其天然属性从商品世界中游离出来而充当一般等价物时，商品生产者的命运就决定于商品能不能换成货币，对商品的幻觉进而发展成了对货币的幻觉，货币具有兑换生活世界一切价值的神秘力量。同样，资本拜物教就是把资本的价值增值看作是物本身具有的魔力的一种错误观念。在资本主义生产总过程中，剩余价值转化为利润，利润转化为平均利润，利润分割为产业利润、商业利润和利息，使人们对资本的幻觉进一步加深。资本拜物教的形成使资本主义社会成了一个幻觉的、颠倒的、倒立着的世界。总之，商品拜物教、货币拜物教和资本拜物教，都是把物在社会生产过程中获得的社会的经济的性质，变为一种自然的、由这些物的物质本性产生的性质。因此，商品生产中真正的社会关系被歪曲了，拜物信徒们把自己想象的成果变为独立生活，并且支配着一切社会存在物，如在商品世界里，现实劳动所创造的物被神灵化了，物象上帝一样统治着人们。马克思指出，价值把每一种劳动产品变成了神秘的社会的象形文字。货币乃至资本不是揭示，而是隐蔽商品生产者私人劳动的社会性质。②拜物意识的精神幻化是客观价值的心理事实，是经济价值被作为主观价值改装的结果。在感觉形态里，商品社会的一切似乎都被颠倒地表现着，当剩余价值分裂为特殊的形态——地租、利息等时，获得剩余价值和利润的本质，就十分神秘：地租好像是带给自己的占有者以收入的土地的天然属性；利息好像也是资本的产生奇迹的这种属性的结果。而在抽象观念的认知形态里，颠倒的假象在相对主义世界图景的排序中，符号变成了实体性存在，它是客观价值形成的第一因。如货币幻化的出现，一方面，货币能够“把人的和自然界的现实的本质力量变成纯抽象的观念，并因而变成不完善性和充满痛苦的幻象；另一方面，能把现实的不完善性和幻象，个人的实际上无力的、只在个人想象中存在的本质力量，变成现实的本质力量和能力”②。而这种普遍的观念混淆和替换，正好以扭曲的形式反映了货币在物质交换形态中自身所实存的内在矛盾。马克思深刻地指出：“货币由于以下原因而同

① 马克思、恩格斯：《马克思恩格斯全集》（第44卷），人民出版社2001年第2版，第101页。
② 马克思、恩格斯：《马克思恩格斯全集》（第3卷），人民出版社1995年第2版，第364页。

它本身以及它的规定发生矛盾：它本身是一种特殊商品（即使只是符号），因此在它同其他商品的交换中又受特殊的交换条件的支配，这些条件是同它的绝对的一般可交换性相矛盾的。”[①]“由于交换的这种二重化——为消费而交换和为交换而交换，产生了一种新的不协调”，从而使得“货币本来是一切价值的代表；在实践中情况却颠倒过来，一切实在的产品和劳动竟成为货币的代表”[②]。于是，人们对物的追求被替换为对符号的追求，符号可以指向一个深层的意义，符号可以与意义进行交换，它谈不上客观上的真实不真实，因为它在意识领域不再与客观真实发生交换，它只与它自身发生交换，在一个没有所指、没有边缘、没有遮拦的非理性精神想象循环体系中与它自身进行交换。显然，人本来是操纵、利用货币的，反而却被货币所操纵和利用，人的表面的自由背后则在承受着现代性的新的奴役。马克思对此深刻批评道：“凡是我作为人所不能做到的，也就是我个人的一切本质力量所不能做到的，我凭借货币都能做到。因此，货币把这些本质力量的每一种都变成了它原来不是的那个东西，即变成它的对立物。”[③]③拜物意识的精神幻化表现为观念向现实转换过程中的非理性疯狂。马克思在巴黎手稿中指出，货币“把我的愿望从观念的东西，把那些愿望从它们的想象的、表象的、期望的存在改变成和转化成它们的感性的、现实的存在，从观念转化成生活，从想象的存在转化成现实的存在。作为这样的中介，货币是真正的创造力。”[④]货币是看得见的神，货币的力量有多大，我的力量就有多大；货币是万能者，拥有它就能购买一切、占有一切、支配一切；货币是“人尽可夫的娼妓”，它能把一切人的和自然的性质加以颠倒和混淆，使各种冰炭难容的人亲密起来。

鲍德里亚对拜物意识的精神幻化的考察。①拜物意识的精神幻化表现为物的符号比物的实体更具诱惑力，为此，对幻化的透视需要对神圣视域中外表的解读。他认为，直接的幻觉优于感知。为什么作为感觉表象形式的商业文化，它所导致的市场幻化能够被大众所接受？鲍德里亚认为，在资本操纵的商业社会里，

---

① 马克思、恩格斯：《马克思恩格斯全集》（第30卷），人民出版社1995年第2版，第100页。

② 马克思、恩格斯：《马克思恩格斯全集》（第30卷），人民出版社1995年第2版，第98页、99页。

③ ［德］马克思：《1844年经济学哲学手稿》，人民出版社2000年第3版，第144页。

④ ［德］马克思：《1844年经济学哲学手稿》，人民出版社2000年第3版，第144页。

在视觉显示张力的时代,一切东西都是诱惑,而且只是诱惑。诱惑处于符号和外表领域,追求着快乐和身体的使用权。诱惑这种幽灵,它毫无感情地出没于我们的幻想中。诱惑的秘密就在对他者的这种招魂和再招魂中。任何商品消费的感性的诱惑,都是从话语中抽出意义并将意义从真理中转移出来的,诱惑构建了商品消费符号和符号竞争的神圣的表面,诱惑反映了显在话语的外表性极其肤浅的方面,但外表压根儿就不肤浅,它是游戏和强烈情感产生转变的场所,商品消费符号的引诱比任何真理的显现更为重要。因为在与主体遭遇时物体的预先反应,就是外表,它处于创造着诱惑和愉快效果的双重形式下。其施魅的模拟特征为:触觉的眩晕讲述着主体天生想抓住自己的形象并随之消失的欲望。只有我们失去了我们的同一性,或者当它以幻觉的死亡出现时,我们才能抓住现实。②拜物意识的精神幻化表现为当下的人类需要"由童心构成的古老意向和骗人的幻觉来维持他那满意的神经系统",消费符号的幻化离不开无意识幻想的运作,为此,揭示幻化的本质需要对"超真实和意象"的解读。从无意识而来的符号纵容着结构间的交换——这种纵容吞没着他者、无意识的"作品"、以及传递和反传递的纯粹而简单的过程。更多地强调了符号的价值通约性,即以大众传媒所操控和设计了的符号来通约世界的一切价值。与凡勃伦的开创性分析方法相类似,鲍德里亚认为,在消费社会的架构里,人们主要以其消费能力显示自身具有的能量。他特别观察到"地位"的普遍性价值。随着现代社会秩序的演进,"身份"的概念越来越趋于简化,并与"地位"的概念合流,成为个人谋求的决定性标准。地位的符号系统总括了其他一切价值体系,而成为一种普遍的、可通兑的符码。"地位"符码的特殊性表现在:第一,它不会比其他的符码更有随意性;第二,它构成一个完全社会化和世俗化的社会识别记号体系;第三,它构成了一个普遍的记号和阅读体系。但是,鲍德里亚也深刻地指出,这种以某一特定价值为轴心简化了的普遍性符号体系给人的精神状况带来的危机:一是"普遍化、效率的代价是价值'语言'的彻底简化、贫乏化,几乎不可逆转的退化";二是"价值参考单一化所具有的强制性,似乎只是使得区别的欲望更加强烈"①。人们会被迫坠入

---

①　[法]鲍德里亚:《物体系》,林志明译,上海人民出版社 2001 年版,第 215—216 页。

自身编造的幻化的物体系中，在追逐虚幻的价值目标的歧路上越走越远，越来越为物所俘获和奴役，最终彻底被物所吞噬或消解。幻化的产生与人的精神现象层面的创造活动密不可分。③拜物意识的精神幻化表现为消费文化越来越使人置身于庞大的物的镜像世界之中，为此，应当终结一种错误的形而上学——物就是物的存在本身，应当提倡一种新的理念——传统的真实不存在，物就是物的图像、影像。幻化把巨大的、丧失了与人的亲缘关系的物带到我们面前。鲍德里亚指出，“人们不可能进一步想象，幻觉逐渐出现，世界日益变成幻觉。所以，应该对一种完全的、不可预见的和决定性的呈现作同样的假设：幻觉率不会增高或降低，因为它像表象一样与世界是同外延的。幻觉，就是‘世界印象’（effet—monde）自身。”[①]主体对世界的幻化理解，正如柏拉图在《理想国》第七卷中那经典的“洞穴之喻”，将那投射到洞壁上的幻化了的光影世界、符号世界定位为真实世界。物的体系正在宣告自己的合法性，宣称自己就是世界。这个物的体系本质上却是一个镜像世界、一个仿真世界。鲍德里亚在《消费社会》的最后部分讲述了一个来自20世纪30年代的无声电影《布拉格的大学生》的故事：大学生把自己的镜中影像出卖给魔鬼，这个影像开始出现于现实生活中，并替代了大学生的生活，给他带来无穷的烦恼。某次，大学生要与人决斗，但他决定与对手和解。可是他的复制品先他一步，杀死了对手。因为大学生违背了他的镜像的意愿，所以他的镜像开始四处追捕他，在绝望中，大学生砸烂了镜子，杀死了自己的影像，但与此同时，他发现杀死了自己的影像，就是杀死了自己。鲍德里亚评论道：“在这里镜像象征地代表了我们行动的意义。我们的行动在我们周围构成了一个属于我们影像的世界。”[②]在消费社会中，主体试图用自己的购买行为来确证自身主体性的存在，即“我买故我在”（I shop，therefore I am）。

（三）异化

异化是马克思批判拜物逻辑最为重要的范畴。从根本上说，异化关联着人的个性能否彻底解放、人类自由能否彻底实现的问题。在马克思看来，历史是人

① [法]鲍德里亚：《完美的罪行》，王为民译，商务印书馆2000年版，第58页。

② [法]鲍德里亚：《消费社会》，刘成富、全志钢译，南京大学出版社2006年第2版，第158页。

的实践活动的产物，一切“社会物”的存在，本质上都与人的实践行为相关联，可是，在以资本为轴心的商品社会里，社会存在作为社会活动的结果，它不仅失去人的行为特征，反而支配和主宰着人的意识和行为，异化由此而出现。马克思的异化概念揭示了人的生存困境：一种人被原本属于人的东西或人的创造物所控制的非人状态。马克思不仅批判了异化现象，而且连续在几部著作中追问异化的根源。根据马克思在不同时期著作中的不同切入点，我们可以将其区分为两个阶段：第一阶段，体现在《1844 年经济学哲学手稿》中的马克思的异化批判理论的基本立足点是人本主义，异化表现为人的类本质的异化，其特定目的是为了人性的复归及人类从拜物状态中的彻底解放。异化劳动使自然界同人相异化、人的生命活动同人自身相异化、人的类本质同人相异化、人同人相异化。[①] 资本主义条件下，人们在生产中结成的社会关系采取了物的形式，人所创造的物脱离了人的控制，反过来奴役人，其直接后果就是人的主体地位的丧失，整个社会运转呈现为一个见物不见人的过程。究其原因，就在于生产者的产品同生产者相异化了。对于工人来说，“工人在劳动中耗费的力量越多，他亲手创造出来反对自身的、异己的对象世界的力量就越强大，他自身、他的内部世界就越贫乏，归他所有的东西就越少”[②]。我们也不难发现，马克思早期的异化思想集中地体现在劳动异化理论方面，认为劳动是人作为类的主体本质，私有财产是人的劳动的客体化，它是以客体形式而存在的人的类本质，是人的类本质的外在化和异化。第二阶段，体现在《1857—1858 年经济学手稿》以及《资本论》中的马克思的异化批判理论基本出发点是对资本主义社会生产关系和生产结构的解剖，其主旨在于从生产过程和制度层面探究拜物逻辑的根源。马克思沿着早年对物化劳动的思路进一步考察了资本发展过程中劳动条件与劳动相异化的情况。所谓劳动条件，就是劳动的物的条件即物化劳动。“劳动的客观条件对活劳动具有越来越巨大的独立性（这种独立性就通过这些客观条件的规模而表现出来），而社会财富

---

① [德]马克思：《1844 年经济学哲学手稿》，人民出版社 2000 年第 3 版，第 57—59 页。

② [德]马克思：《1844 年经济学哲学手稿》，人民出版社，2000 年第 3 版，第 52 页。

的越来越巨大的部分作为异己的和统治的权力同劳动相对立。"[①]但是,"关键不在于物化,而在于异化、外化、外在化,在于巨大的物的权力不归工人所有,而归人格化的生产条件即资本所有,这种物的权力把社会劳动本身当作自身的一个要素而置于同自己相对立的地位"[②]。这里的马克思已深入到社会发展的制度层面,劳动者与资产者的对立的实质是权力的不平等,因而是无产者与资产者对于在所有权问题上的对立。工人丧失所有权,物化劳动拥有对活劳动的所有权,亦即资本占有劳动,这种生产关系的私有制度的设定才是异化产生的深层根源,要实现对异化的扬弃和人性的复归,最终落实在制度层面必须经由对生产关系私有制的颠覆。而马克思显然也注意到,对异化的扬弃需要一个漫长的历史转变过程。实际上在《1844 年经济学哲学手稿》中他已经指出:"自我异化的扬弃同自我异化走的是一条道路"[③];在《1857－1858 年经济学手稿》中他进一步预言:"在资本对雇佣劳动的关系中,劳动即生产活动对它本身的条件和对它本身的产品的关系所表现出来的极端的异化形式,是一个必然的过渡点,因此,它已经自在地、但还只是以歪曲的头脚倒置的形式,包含着一切狭隘的生产前提的解体,而且它还创造和建立无条件的生产前提,从而为个人生产力的全面的、普遍的发展创造和建立充分的物质条件"[④]。显然,马克思后期的异化理论主要是社会关系异化理论,他把异化和生产关系的物化联系起来,指出了人与人之间的社会关系本来是人与人的关系,而当下资本主义社会已把这种关系改变为物与物的关系。因此,社会关系的根本性质不再是人,而是物;社会关系的物化,不发生在生产过程中,而发生在人与人之间的产品交换过程中。个人对物化的社会关系的崇拜,被视为异化。马克思在这里通常把物化的社会关系与异化联系在一起,在他看来,资本主义的拜物逻辑表现为社会的商品、资本、劳动市场按照物的

① [德]马克思:《1857—1858 年经济学手稿》,《马克思恩格斯全集》(第 46 卷)(上),人民出版社 1979 年版,第 360 页。

② [德]马克思:《1857—1858 年经济学手稿》,《马克思恩格斯全集》(第 46 卷)(上),人民出版社 1979 年版,第 360 页。

③ [德]马克思:《1844 年经济学哲学手稿》,人民出版社 2000 年第 3 版,第 78 页。

④ [德]马克思:《1857—1858 年经济学手稿》,《马克思恩格斯全集》(第 46 卷)(上),人民出版社 1979 年版,第 520 页。

形式进行无政府状态的盲目运动。要扬弃、结束资本主义社会的这种拜物教现象，就必须对资本的主体性进行消解。[①]

鲍德里亚更侧重于对消费过程中的异化现象的批判。异化问题在20世纪非但没有解决，反而异化的程度和范围都大大加深了。异化问题不仅仅表现在统治人的异化力量从有形的政治、经济力量向无形的文化力量转化，而且异化机制已经深入和内化到人的生存方式中。鲍德里亚正是在这一文化背景上、从消费这一切口展开了对现代异化现象及其所反映着的拜物逻辑的批判。其一，人的主观幻觉、麻醉、游戏等态度成为消费社会的主要异化模式。鲍德里亚详细剖析了消费社会中独特的异化现象而得出的基本结论是，当代的异化程度要远比马克思的时代更加严重——“异化走得要远得多。我们所离弃的我们的一部分，我们并没有摆脱它。物品会对我们进行报复。我们被剥夺的一切依然与我们相联，但却是消极地与我们相联，也就是说它会骚扰我们……一切超越异化的理想解决办法都被无情击碎。异化是无法超越的：它就是与魔鬼交易的结构本身。它是商品社会的结构本身。”[②]更为可悲的是，现代人已经沉浸到不断增多的物的符号世界的秩序中去，个体的自反性思维能力趋于消失，个性的张扬逐渐转向玩世不恭式的游戏人生，人与人的异化若即若离、与狼共舞，“已经不再有本来意义上的‘同一’‘同一主体’，因此不再有同一之相异性，因而也不再有本来意义上的异化……在符号之间，没有矛盾……也没有排斥性的对立：秩序化的勾结和蕴涵……消费是游戏式的，而消费游戏逐渐地取代了同一性的悲剧”[③]。其二，消费社会的形成改变了人的日常生活和意识形态。现代社会中，物的丰盛推动了炫耀性消费，物承载着人们对品味、地位、荣誉、职业、性别、个性等各方面的差异化要求。物创造了购买奇迹，并借助于1929—1933年经济危机及其后凯恩斯主义的风行而击垮了个人层面的节俭准则和国家层面的平衡预算原则，催生了新的经济伦理，即“消费先行于积累之前，不断地向前逃逸，强迫的投资、加速的消

---

① 有关这方面的理解，参阅张雄：《现代性后果：从主体性哲学到主体性资本》，《哲学研究》2006(10)。

② [法]鲍德里亚：《消费社会》，刘成富、全志钢译，南京大学出版社2006年第2版，第159－160页。

③ [法]鲍德里亚：《消费社会》，刘成富、全志钢译，南京大学出版社2006年第2版，第162页。

费、周期性通货膨胀……人们先购买，再用工作来偿还”[①]。消费从古典政治经济学时代仅只作为资本主义体系循环过程中的一环的位置上凸现出来，成为社会经济活动的主要推动力。消费不但成功地对家庭生活模式进行了商品化改造，还走出家庭范围，改变了人们日常生活的时空结构，将人们引向一种新的关系网络中，各种人际关系包括婚姻、性乃至死亡都可以作为商品提供给市场。整个消费社会的基本结构，不是以人为本，而是以受人崇拜的物以及由从属于各种系列中的物所组成的触角庞大的物体系为中心，社会的运转模式演变为以对物体的礼拜形式为基本动力的拜物化过程。物的人格化相伴而来的是人的主体性的丧失，人成为物体系自发扩张的绝对律令的一个手段，人的生活与生存进程转化为消费符号机器运作的重要场地。其三，越来越多的价值从流通领域流出。在这个信息化、网络化、智能化的时代，流通领域早已不再居于从属性的地位了。后期的鲍德里亚认为，传统政治经济学的生产逻辑已经失效，即将生产力的解放混同于人的解放——片面地走向经济决定论而无视文化、意识形态、政治结构等方面的配合。“任何事情只要被当成财富的源泉或满足的源泉，当成使用价值，就是可以忍受的……生产的幻觉永远是让生产符合其理想使用价值的幻觉。”[②]摆脱生产的幻觉，才能够透视现代社会的消费逻辑，看到流通领域由于科技的进展、信息的不对称、消费主义意识形态和大众文化的潜移默化特别是以广告为典型代表的现代传媒对消费者欲求的刺激和引导，对物的符号消费已成为社会的主流活动，成为市场经济全部意义的灵魂，成为资本的逻各斯中心主义的主要内容。不断的消费活动、消费行为已经成为构建市场的符号，变为资本的新的追逐对象。相比之下，马克思尽管也十分强调流通领域对价值实现过程的必要性，但并不认为流通领域创造剩余价值，他批评一些经济学家被表面现象所迷惑，将流通时间对生产时间的消极的制约作用误读为积极的推动作用，“这种假象似乎证明了资本有一个神秘的自行增殖的源泉，它来源于流通领域，与资本的生产过程，从而与劳动的剥削无关”[③]，剩余价值的源泉归根结底是出自生产阶段，因为

① [法]鲍德里亚：《物体系》，林志明译，上海人民出版社2001年版，第183页。

② [法]鲍德里亚：《象征交换与死亡》，车槿山译，译林出版社2006年版，第41页。

③ [德]马克思：《资本论》（第二卷），人民出版社2004年第2版，第142页。

"资本在流通时间内不是执行生产资本的职能,因此既不生产商品,也不生产剩余价值"①。总之,马克思意义上的异化主要是生产的异化、劳动的异化、资本的异化,而鲍德里亚意义上的异化则主要是流通的异化、消费的异化、符号的异化。鲍德里亚在《消费社会》一书的最后结论中深刻地指出,当代"异化了的人决不只是一个衰竭了、贫乏了但在本质上仍完整如故的人——而是一个颠倒了的人、变成了恶、变成了自己敌人的人、反对自己的人。这是弗洛伊德在压抑中所描绘的程式在另一层面上的体现:被压抑穿透压抑悬请本身而冒了出来。这是变成了女性以纠缠发誓要恪守贞洁的僧侣十字架上基督的身体。在异化中,存在之客观化活力不断地消耗他变成他并这样将他一直引向死亡"②。

回首一百多年前的马克思和20世纪中叶以后包括鲍德里亚在内的一系列西方思想家对拜物逻辑念兹在兹的执着而深刻的批判,我们可以获得如此启示:①对拜物逻辑的批判,渗透着当下人类对传统的发展理念所包含的人与自然、人与社会、人与人之间关系的深刻思考。②对拜物逻辑的批判,提出了人类奴役下的自然、资本奴役下的"他者"、符号奴役下的商品欲求者等一些令人深感忧患的问题。③对拜物逻辑的批判,召唤着对于人类命运的终极关怀和对于科技发展的辩证认识。④对拜物逻辑的批判,印证着对一种物质主义的生存本体论的解构与批判势所必然,正当其时。

第六节　告别消费主义:五重维度的批判与启示

消费主义(consumerism),不同于经济意义上的消费。消费主义是指这样一种生活方式:消费的目的不是为了实际需要的满足,而是在不断追求被制造出来、被刺激起来的欲望的满足。换句话说,人们所消费的,不是商品和服务的使用价值,而是它们的符号象征意义。消费社会中的人们终日在普遍的乏味中苦苦寻求出挑和个性。个体被归类、编码、排序,所有关于消费的话语都想把消费

① [德]马克思:《资本论》(第二卷),人民出版社2004年第2版,第141页。

② [法]鲍德里亚:《消费社会》,刘成富、全志钢译,南京大学出版社2006年第2版,第160页。

者塑造成“普遍的人”，而消费者却迫切期待能够成为领风气之先的“潮人”。在这种强大的意识形态及其强大物化能力下，世界变了模样，时尚成为时时更新的风尚，而作为顾客也徒有“上帝”之名号，却并不能随心所欲，总是被迫做出选择。

《中国青年报》曾以“如何看待可持续消费”为题，开展面向全国城市青年的调查。调查结果显示了消费主义观念在当下中国青年群体中的接受程度。面对“最想实现的一大愿望”这一问题，大多数城市青年的答案集中在大面积的住房、出国旅游和拥有自己的汽车三个方面。其中，有 38%的公众希望拥有一套宽敞的房子，有 21%的被访者想出国旅游，还有 12%的被访者想拥有自己的汽车。对很多人而言，拥有大面积住房和豪华汽车是地位和身份的象征。[①] 这一结果与英国在 2006 年对年轻消费者调查的消费愿望几乎完全相同。艾伦·杜宁在其《多少算够——消费社会与地球的未来》一书中认为，消费社会中存在三个主要的生态等级：消费者阶层、中等收入阶层和穷人。[②] 这三个阶层对自然资源的消耗以及对环境的破坏是不同的。其中，消费者阶层对环境的破坏最大。在饮食上看，消费者阶层食用肉制品和加工过的袋装食品，并且饮用装在由不可分解的材料制成的一次性容器中的软饮料及其他饮品。在交通上看，消费者阶层使用私人轿车，中等收入阶层使用自行车和公共汽车，穷人步行。从生活资料上看，消费者阶层使用过度包装、一次性使用、用过即扔、迅速更换、不可维修的物品。消费社会的扩张，消费主义的盛行，造成了物品消费量的激增和浪费以及资源的大量消耗与环境的严重破坏，一个更加“物性化”的世界正迅速向我们走来。实现可持续发展的目标，内在地要求我们必须对一种庸俗的物质取向的消费主义文化及其发展观念作出严肃的解读、反思与批判，并从中获得应有的启示。

---

① 张可佳：《气候变化与中国青年如何看待可持续消费》，杨东平主编：《中国环境的危机与转机(2008)》，社会科学文献出版社 2008 年版，第 90 页。

② [美]艾伦·杜宁：《多少算够——消费社会与地球的未来》，毕聿译，吉林人民出版社 1997 年版，第 9 页。

一、对消费主义的批判，要求我们在当下的社会重新思考人与他者、人与物、人与自然的关系

自启蒙运动以降的一系列思想领域和社会领域的变革，将主体性哲学推至现代思辨逻辑的核心，将人置于世界的中心。人真正地成为万物的尺度、认知活动与实践活动的"主体"、一切知识的源泉、万事万物的主宰。人权与神权分离，进而由个别人、少数人的权力转变为多数人、公众的普遍权利，主体与客体、主体与他者、人与物的关系进入了新的阶段。现代性的巨大张力逼使人们不断地重复西西弗斯一样的、夸父追日一般的永无穷尽地对物的充盈的渴望和对丰裕社会的追求。现代化进程一经启动便相伴而生的变动不居的特质早已为马克思在《共产党宣言》中所深刻揭示："生产的不断变革，一切社会状况不停地动荡，永远的不安定和变动，这就是资产阶级时代不同于过去一切时代的地方。一切固定的僵化的关系以及与之相适应的素被尊崇的观念和见解都被消除了，一切新形成的关系等不到固定下来就陈旧了。一切等级的和固定的东西都烟消云散了。"[①]与现代社会的变动不居相适应的，是经济领域中生产体系的日趋庞大、消费品生命周期的缩短、新产品新样式的层出不穷。工业社会的生产逻辑以消耗自然资源为代价来满足人类的需要，而当世界开始步入后工业社会时，人们突然发现，自己百余年来的奋斗仍然没有累积下足以满足人的"需要"的物。物品过时程序的加速，张扬了人的主体欲望的幻化，使得主体之所欲随时尚的更新速度越来越快而变得越来越强烈和短暂。正如鲍德里亚所洞见的，"在以往的所有文明中，能够在一代一代人之后存在下来的是物，是经久不衰的工具或建筑物，而今天，看到物的产生、完善和消亡的却是我们自己。"[②]

今天，自然体系中的各种原生材质都纳入了人类改造的序列之中，以至于几乎没有多少原材料是非经加工而直接取自自然。物与物之间的关系也越来越呈

---

① 马克思、恩格斯：《共产党宣言》，《马克思恩格斯选集》（第一卷），人民出版社 1995 年第 2 版，第 275 页。

② ［法］鲍德里亚：《消费社会》，刘成富、全志钢译，南京大学出版社 2006 年第 2 版，第 1 页。

网状化,每一件物品自其被生产出来的一刻便落入了一个宏大体系之中,互相之间构成若干系列,一件物品的使用若没有其他诸多相关性物品的协调互补,就无法实现自身的功能。物的生产越来越远离其原初的使用价值,越来越从它们的被预设了的传统功能中解脱出来,从而成为一种象征和符号——"要成为消费的对象,物品必须成为符号"①。物品中所包含信息的幻化、自主化和商品价值化,促使人把其内容作为符号来颂扬。物品变成系统中的符号,则我们对于物品的购买——也就是消费行为就并不是一种纯粹物质性的实践活动,而是一种符号的系统化操控活动。马克思在《1844 年经济学哲学手稿》中所嘲讽的重商主义的极端形式——金币主义,即一种"紧紧抓住感觉得到、摸得着、看得见的钱袋不放"的"粗陋的国民经济学的盲目信仰"②,在当下的时代仍然在一些国家和地区大行其道。无论是前古典经济学时代欧洲国家热衷于货币积累的重商主义实践,还是近现代一些国家和地区在发展过程中的盲目赶超、GDP 中心主义、以追逐账面数字为中心的经济增长癖、"大量生产—大量消费—大量废弃"的粗放式经济增长等,凡此种种,都继续维系着人与物的颠倒状态,并对人类的长远命运产生恶性影响。为此,人类应当有节制地发挥自己的主体性,处理好人与自然之间的关系,使自身能力和需求的无限性与自然资源的有限性相协调。

二、对消费主义的批判,要求我们更深层地思索制度文明的构建,在利用资本的同时,更要充分驾驭和有效导控资本

为什么直到今天,人们仍然无法摆脱物化、幻化、异化?根本地讲,这还是一个制度文明的问题。马克思对资本规律的研究已经表明,资本对推动社会进步、打破封建的固着的人身关系起到了巨大作用,资本的这种积极作用也将在很长的历史时期继续保持。但与此同时,只要资本存在,就不可避免地保持一个"他者"的设定,即将劳动者设定为资本的对立面。资本的一般规律表明:资本与劳动之间的社会关系从根本上是矛盾的甚至是对抗的,它决定了资本有着自身的

① [法]鲍德里亚:《物体系》,林志明译,上海人民出版社 2001 年版,第 223 页。

② [德]马克思:《1844 年经济学哲学手稿》,人民出版社 2000 年第 3 版,第 166 页。

内在否定性。他者的运动就是资本的运动，资本只有通过不断地操纵着“他者”而获得自身生命的存在。资本的“他者”是资本的对象化存在，通过资本与其“他者”关系的思考，可以发现通常情况下资本有着血腥的征服、阴毒的怀柔或貌似入情入理的整合“他者”的本性。在资本主义社会，资本的“他者”设定，实际上规定了资本内在逻辑中的主宰与被主宰、剥削与被剥削、支配与被支配、占有与被占有的劳资关系。总之，由于资本权力在配置着整个世界的资源，决定着人与人关系的发展，生产着人与人之间关系，这是与资本带来的制度性缺陷。鲍德里亚则观察到消费社会中，消费已逐渐上升为一种意识形态工具和制度性控制手段，符号的拜物逻辑实际上反映了人性在当代已成为一种被给予的欲望的奴隶。一旦落入这一制度体系之中，就必须被迫消费以维持自身的“需要”和社会的再生产。“今天享受不再是权利或乐趣的制约机制，而是公民义务制约机制……当代人越来越少地将自己的生命用于劳动中的生产，而是越来越多地用于对自身需求及福利进行生产和持续的革新。他应该细心地不断调动自己的一切潜能、一切消费能力。假如他忘了这样做，就立即会有人好心地提醒他没有权利不幸福。”①

消费主义的出现，因“大量消费”而激起的“大量生产”和被“大量生产”所诱骗的“大量消费”，都提示着我们资本的逐利性对当今世界的强大规定性，也就要求我们对资本既要利用，更要充分驾驭和有效导控。

三、对消费主义的批判，召唤我们重树对于人类当下及其未来的忧患意识、对于人类命运的终极关怀和对于科技发展的辩证认识

伟大的思想家都富于理性的自省、否定、批判、怀疑、发展建构的忧患意识，特别是在重大的历史转折时期，忧患意识表现得最明显、最突出、最充分、最活跃。我们也可称之为危机意识或历史的诊断意识。忧患意识主体精神主动介入“病态社会”的意向，内含着辩证的否定精神和理性的怀疑眼光。在工业革命不

① [法]鲍德里亚：《消费社会》，刘成富、全志钢译，南京大学出版社2006年第2版，第51页。

断推进、机械化大生产不断“攻城掠地”的时候，马克思考虑到了机器的使用对人的影响——使劳动力贬值、工作日延长、劳动强度加大，更为关键的是，“机械劳动极度地损害了神经系统，同时它又压抑肌肉的多方面运动，夺去身体上和精神上的一切自由活动”，机械的使用和劳动分工的固定化、精细化也必然将劳动者的技能限于一隅，“变得空虚了的单个机器工人的局部技巧，在科学面前，在巨大的自然力面前，在社会的群众性劳动面前，作为微不足道的附属品而消失了”①。

在信息化、智能化、网络化的全新时代，鲍德里亚敏锐地觉察到这种新的技术的普及以及人们对于机器和自动化的过分依赖所可能带来的负面效果。他指出，“在普及的接口中，思维自身将变成虚拟的实在，合成影像或文字处理自动输入的等同物……带着虚拟的实在以其所有的后果，我们走到了技术的尽头。”②鲍德里亚观察到，随着物的品种的丰富，非功能性的物（如古物）、功能性错乱和伪功能性的物（如无意义的小发明、小玩意儿）以及后设功能性的物（自动化机器人）充斥着物的世界，但技术的进步却导致了人手的控制功能进一步退化，人对物的控制越来越趋于抽象化的操控——“作为人与物之间的中介者的人的手势动作，已是如何地衰竭不堪……都只要求最低限度的能量和参与”③。今天鲍德里亚所揭示的拜物逻辑中所内涵的技术，更多地需要我们以传播技术的角度来审视，转化为大众传媒以之操控着人的生存命运，通过媒体的议程设置干扰并引导着人的思维路径与议题选择，逐渐把客观性的需求转化为人的主观性欲求。鲍德里亚指出，“我们对作为人类和其能力外延的技术的终极目的充满幻想，对技术充满主观幻想。但是，今天这个实用的定律被其外延自身，被这种超越物理的和抽象的定律的无约束的虚拟挫败。这就是在其自身以外占优势，使其决定改变的系统的必然结果。在达到一个极点阶段的同时，各事物都到达了一个滑稽可笑的模仿阶段。”④这种滑稽与可笑正应验了拉梅特里“人是机器”的名言，被技术统治着并被贬抑到物的水平上的人，已经失去了人性的实质。更为严重

① ［德］马克思：《资本论》（第二卷），人民出版社2004年第2版，第486—487页。
② ［法］鲍德里亚：《完美的罪行》，王为民译，商务印书馆2000年版，第35—36页。
③ ［法］鲍德里亚：《物体系》，林志明译，上海人民出版社2001年版，第49页。
④ ［法］鲍德里亚：《完美的罪行》，王为民译，商务印书馆2000年版，第70页。

的是，人类的创造性能量，正在被滥用于威胁人的生存状态和长久命运的破坏性方面，这是科学技术发展过程中日趋严重的悖论。人类用“技术需要”的尺度把事物变成加工统治的单纯客体，技术的展现及其与存在者、自然和世界的交往是对事物的损坏、损形和毁灭。由于技术与资本的共谋，一切东西都纳入“生产——消费——报废”的大循环，事物的个别性、独立性、差异性被消灭了。技术迫使世界井然有序，整个地球正在朝着一个“人工园林”方向发展，事物不是因其个性而存在，而是融化成被谋算的市场价值。

四、对消费主义的批判，提醒我们关注时代的精神状况与人的精神现象

人不仅生存着，而且知道自己生存着。人以其能动的精神和意识知觉关注、研究和批判着他所身处的这个时代和世界，并尽力改变它以与自己的目的序列相吻合。雅斯贝尔斯指出：“人是精神，人之作为人的状况乃是一种精神状况”[①]。现代性萌发以来，世界的物性化明显提速，延展至今，马克思所批判的“物对人的颠倒”和鲍德里亚所描绘的“物体系”仍在持续扩张。“世界的这种非精神化，并非由个人无信仰所致，而是那个如今已导向虚无的精神发展的可能后果之一。”[②]西方现代世界，在思想上经历了尼采“上帝已死”的振臂一呼，在物质上则承受了两次世界大战的摧残，韦伯所大力颂扬的以节俭、奋斗为核心价值的清教徒式的“资本主义精神”已渐趋宵遁。在一片物欲的喧嚣和消费的奇迹中，人的精神现象正在发生改变。同样的，鲍德里亚对拜物现象的现代批判也不是一个物质主义的生存本体论批判，他没有将丰裕社会中的拜物现象还原为物质，而是从精神现象学的高度和符号学视角穿透物性化世界的外壳而探究其内核——消费主义及其背后的文化机理，对人性重新加以解读，超出了自然的物质限定性和经验思考，用精神分析透视物质实体，从而发现了物质与精神之间相勾连的那一条通道——人的欲求。进而，消费主义视阈下的现代拜物现象就是人

① ［德］雅斯贝尔斯：《时代的精神状况》，王德峰译，上海人民出版社 2005 年版，导言第 3 页。

② ［德］雅斯贝尔斯：《时代的精神状况》，王德峰译，上海人民出版社 2005 年版，导言第 15 页。

的精神对物质的不断开发、不断创设、不断造型、不断模仿的一个柏拉图意义上的摹本，是从精神层面对物质世界进行重新排序、以新的精神符号学对现实中的物质样态加以框定的一种亚里士多德意义上的形式因。鲍德里亚敏锐地注意到，消费行为归根到底是一种理念的、系统性的、符号性的主观意志的反映——“被消费的只是理念”。消费之所以看似没有止境从而创造出现代的“购买神话”，并非是现实世界中物体系真的达到了何其庞大的地步，也不是人的真实需要过大的问题，而是来自人心理上的一种欠缺，来自人的精神现象学层面的一种现代性迷茫，这种欠缺和迷茫催使他通过消费活动对结构性过剩的物的世界的吸收和吞噬来填补永远无法饱和的精神的结构性匮乏。这种匮乏无法通过经济增长和经济决定论的进路得到解决，“增长既没有使我们远离丰盛，也没有使我们接近它”①。

消费社会的时代状况反映了当代人对自己的真实行动手段的真实不适应，反映了新的社会和新人之间的一种不对称。我们所面对的当下世界中，物的意义不只是它的本义及其延伸，它自身也有一个生成而难知觉的意义，正因如此，今天的物还在改变着我们的主观感觉与实践行为。智能化时代，精神、意识的作用在放大，对消费主义的批判也从消费这个角度提示我们加强人的精神现象的关注和研究，以矫正当代人的集体无意识和心理病态。

五、深层次地要求我们继续反思和批判主体性形而上学传统

对主体性问题的探讨是西方哲学自发端以来就一直重点关注的题域，无论是古希腊时期普罗泰戈拉的“人是万物的尺度”、苏格拉底的“沉思着的人是万物的尺度”、柏拉图对理念世界与实体世界的两分法，还是中世纪基督教神学中对神性的塑造过程中所内涵的浓厚的人性，直到笛卡尔的“我思故我在”、康德的“理性为自然立法”、黑格尔的“主体即实体”，伴随着现代性的展开，主体性哲学也一路高歌猛进，在完成了哲学主题从天国到人间的神性祛魅过程之后，人成为

---

① ［法］鲍德里亚：《消费社会》，刘成富、全志钢译，南京大学出版社2006年第2版，第27页。

哲学研究的中心。然而，主体性哲学必然导致主客的二元对立和分裂，因为认识总是人的认识，总要从自我出发，总意味着人与世界的自觉的分离，当设定自我意识为主体时，也就把自我意识之外的客观世界设定为他者。伴随着主体向人的回归和认知主体性的彰显，主体性哲学的固有矛盾就开始显现，这种主客二元的分裂和对立从根源上来说是近代理性主义形而上学的哲学传统造成的工具理性和价值理性的必然分裂。近代以降启蒙哲学的首要目的就是把现代性从神秘主义的巫术和鬼魅中唤醒，召唤沉睡在主体内部的现代性要素来重构新的生活秩序。与这一积极方向相反的，在哥白尼革命和牛顿力学为代表的自然科学以及随后的工业技术的迅猛发展的鼓舞下，刚刚解放并高扬自我、主体意志的人们又产生了一种盲目拜倒在科学和技术脚下的狂热倾向。主体性的扩张不可避免地走向它自身的悖反，即物性化。工业革命成功地在深度和广度上实施了对物的开发与激活，创造了前所未有的生产效率。物的丰盛所带来的表面上的"丰裕社会"里，人的精神却呈现出病态症状，人的主体性被弱化和侵蚀，整个世界被机器和技术装置所定义和架构。人对机器与技术、人对物的迷信越发强烈，对物的占有欲越发难以遏制，则人自身的主体性和内在价值被异化的越发严重。人被"物"牢牢控制，从而丧失了具有自反性和批判性的主体意识，在"技术理性"的压抑下沦落为"单向度的人"，并破坏了人与人、人与自然的和谐关系，产生了社会危机和生态危机。

值得关注的是，哲学的主体性与经济学的经济理性之间达成了契合，二者共同作用而对世界产生了巨大影响——反映在国家意志中就是形成一种 GDP 中心理念、一种线性的经济增长癖，反映在个人意志中就是谋求资本的最大化、财富的最大化、利益的最大化。人的主体性的毫无节制的深化、人的认知能力的无限增长究竟还要走多远？符号、象征、寓意这些主体性自我能力的膨胀究竟还能够撑起多大的合理空间？主体性资本与主体性形而上学的联姻对人类的物质和精神家园所造成的破坏还会持续多久？这些都是人类面向未来的最堪忧患的问题。而正是从这个意义上讲，试图反思和解构现代性的后现代主义思潮有其独到的合理性和建设性。